庫

プラトン入門

竹田青嗣

筑摩書房

目次

序　反＝プラトンと現代　9

第一章　哲学のはじまり　21
1　「普遍性」について　22
2　「原理」「概念」「パラドクス」　30
3　「根源」への問い――なぜ無ではないのか　44
4　「原因」について――『パイドン』のソクラテス　54

第二章　ソクラテスからプラトンへ　65
1　プラトンとその時代　66
2　ソクラテスの裁判――「魂への配慮」　75
3　ソフィストと詭弁論――『エウテュデモス』その他　86

4 初原の言語学——『クラテュロス』 98
5 哲学批判について——『ゴルギアス』 109
6 「本質」を取りだす方法——『メノン』 120

第三章 イデア 129

1 絶対イデア主義について——『パイドン』 130
2 「三角形のイデア」と「諸徳の対立」——認識の普遍性とは 144
3 アリストテレスのイデア批判——「原因」の観念について 158
4 「太陽の比喩」と「洞窟の比喩」——「善のイデア」とは何か 173
5 「善のイデア」とは何か——〝知ること〟の本質 187

第四章 エロス、美、恋愛 205

1 恋(エロス)の「本質」とは?——『饗宴』その1 206
2 美の「ほんとう」について——『饗宴』その2 224
3 恋愛のアポリア——『パイドロス』その1 235

4 エロティシズムとプラトニズム――『パイドロス』その2 247

第五章 政治と哲学の理想 269

1 「イデア説」のパラドクス――『パルメニデス』『ソピステス』 270
2 プラトン言語思想の核心――『テアイテトス』 282
3 最善の国家とは――『国家』『ミノス』 294
4 原理としての「政治」思想 301

あとがき 315
文庫版あとがき 321

プラトン入門

序

反＝プラトンと現代

プラトンとヘーゲルは、ヨーロッパ哲学最大のビッグネームである。ところが、プラトンは、現代思想ではヘーゲルと並んでなぜか最大の悪役となっている。一九七〇年代から八〇年代にかけて世界を席巻した構造主義、およびポスト構造主義思想は、総じていわば反＝ヘーゲルと反＝プラトンの思想といえるような性格をもっていたからだ。

この事態の意味するところは、現代のヨーロッパ知性が、これまで自らの知性の最高の源泉とされていたものに、根本的な自己批判の視線を向けている、ということなのだが、しかしその理由は何だろうか。

近代ヨーロッパ思想は、中世の王権－教会権による身分的封建社会を乗り越えるために、「市民社会」という新しい社会の理念を生み出した。この、万人に対等な自由をもたらす市民社会という理念は、はじめはヨーロッパの広範な大衆にとって希望の原理だったが、やがて国民国家と資本主義という新しい矛盾を生み落とす。一九世紀にいたってそれは、帝国主義、植民地という大きな問題を出現させただけでなく、これに対する反動的政治理念としてのファシズム、スターリニズムなどを生み、さらにこれに続いて世界戦争という未曾有の惨禍にまで行きつくことになった。このため、ヨーロッパの知識人たちは、ヨーロッパの先導によるこの歴史的事態に対して、深刻な反省と罪の意識を促されたのである。

近代国民国家と資本主義は、もともとヨーロッパの市民社会理念をその発端としている。このことから現代ヨーロッパ思想は、それまでの自らの知性（理性）のありように深刻な懐疑を向けた。そしてことにそれは、これまでヨーロッパの最大の思索と考えられてきた二人の哲学者、プラトンとヘーゲルに向けられたのだ。彼らの哲学が現代思想において最大の批判の対象となったのは、そういう理由によっている。

したがって、この二人の哲学者への批判はほぼ同じ内実をもっている。彼らの思想のどういう点が、批判されるべきものと考えられたのか。さしあたりいうとこうなる。世界全体の摂理とそれについての絶対的真理が存在するという理念、またこの摂理と真理の根源をなす「超越的な実体」（超越者）が存在するという理念。このような理念のヨーロッパ思想における創始者がプラトンであり、またその完成者がヘーゲルだと見なされたのである。

つまり、批判者たちによれば、プラトンとヘーゲルは、「真理」「普遍的認識」「絶対者」といった言葉で象徴される、ヨーロッパ的「知性」の最大の代表者である。そして、ヨーロッパ的「知性」は、ヨーロッパの理性こそ「普遍的」で絶対の正しさをもつという過剰な信念を育て上げ、それが現代史の大きな惨禍の原因となった、というのだ。現代哲学および現代思想は、このような理由で、ヨーロッパ的知性への根本的な自己批判として登場した。現代思想がプラトン（主義）批判という基本性格をもつのは、そういう事情による。

ところで、もちろんこの一方で、伝統的なプラトン賞賛論がないわけではない。アカデミズムにある学者の論には、現代思想におけるプラトン批判の文脈とはほとんど無関係に、哲学世界の動かしがたいビッグネームという前提のもとに、ヨーロッパ哲学の創始者としてのプラトンの偉大さを伝統的な仕方で賞揚することに終始する、というものもなくはない。しかし、たとえばのちに見るように、プラトンの政治論をめぐる現代的な政治概念の観点からのプラトン批判も多くある。つまり、現在大勢としては、プラトンに対する積極的評価は多いとはいえない。

そういうわけで、わたしとしてはこの論で、一般的なプラトン評価と現代的な反＝プラトン（反＝プラトニズム）の思潮とを同時に視野に入れながら、それらとは異なったわたしなりのプラトン思想の像を、できるだけ明瞭に読者に示してみたい。

そこで、プラトン哲学のイントロダクションとしてこの本を読む読者のために、本論に入る前にまず、一般的なプラトン像と現代的な反＝プラトン像の大枠を紹介した上で、わたし自身の基本の考えを明示しておこう。

まず、一般的なプラトン像は、以下のようなものだ。

主として自然としての世界の「原因」や「原理」の探究を行っていたそれまでのギリシャ哲学の思考に、プラトンは、「魂」の原理の探究という問題をはじめて導き入れた。彼は問答法（ディアレクティーク）という新しい方法によって、ソクラテス的な「いかに生きるべきか」という問いを、哲学原理の中心的テーマにすえた。つまり、プラトンは、従来の自然認識の問題を、精神、魂、徳、真、善、美といった人間の生や価値の問題につなぎ、そのことではじめて人間の探究の学としての哲学（フィロソフィー）の基礎を敷いた哲学者である……。だいたいこれが、ヨーロッパ哲学の創始者としてのプラトンの一般像だといっていい。

つぎに、反＝プラトン思想の一般像。

これは大きく、二つに分けられる。

一つは実在論的な観点からの、つまり、近代合理主義的世界像からのプラトン批判。これは一般の人にもわかりやすいものだ。まず自然としての世界がありその中に精神的存在としての人間が存在する、というのが近代合理主義の基本の世界像だ。フッサールがこれを近代以後成立した「自然的世界像」と呼んだことはよく知られているが、プラトンの世界像は、この自然的世界像とほとんど対極に位置するような世界像なのである。

仮象としての現実世界と、これに対する真実在としての「イデア」の世界。「真・善・美」のイデアの実在性。霊魂の不滅。天上界と地上界との間の永遠回帰……。こういうプラトン的世界像は、近代の自然主義的、合理主義的な世界像を逆立ちさせたような世界像だといえる。だから多くの人は、ここに昔の哲人の高尚な知恵があるかもしれないが、その世界像自身は人類が幼児であった時代の神話的性格を反映している、と考えたがるのである。

このような実在論的観点からの批判は、わたしたちのごく平均的、日常的な世界の感覚を根拠としているという意味で、いわば素朴なものといえなくない。しかしそれでもこの批判はきわめて根強く、その代表としてバートランド・ラッセルなどを挙げることができる。マルクス主義的な唯物論的立場に立つ論者にも、もちろんこの類型の批判者が多い。

もう一つの批判が、さきに述べた現代思想からのいわゆる反＝プラトニズム（反＝真理、反＝普遍、反＝超越者）の批判で、これは思想的には現在大きな勢力をもっている。

現代思想における反＝プラトニズムの源流をなすのはニーチェである。ニーチェがヨーロッパ哲学全体に対して置いた苛烈な「形而上学」批判はよく知られているが、彼によれば、ソクラテス＝プラトンこそは、ヨーロッパ哲学における、絶対的な「真理」主義、禁欲主義と道徳主義、「超越者」の思考、「理性」と「普遍性」への過大な信仰、といった〝形而上学的〟性格の起源をなす人物なのである。

このニーチェ的な批判はさまざまに変奏させられながらハイデガーやデリダに受け継がれ、現代思想における反＝プラトニズムの根本性格を規定しているといえる。ヘーゲルやフッサール現象学の批判を通して行なわれたデリダの、いわゆる「反＝形而上学」「反＝真理主義」、フーコーの「反＝歴史主義」の思想などは象徴的な例だ。ここでは、ニーチェ、ハイデガーによるヨーロッパ哲学批判の文脈がその前提となっている。

ハイデガーは、ニーチェの「形而上学」批判を独特の形で現代ヨーロッパ文明の批判にむすびつけた。彼によれば、プラトンの「イデア」の考え方こそは、世界を、「超感覚的世界」と無機的な物質それ自体からなる「自然世界」とに二分するヨーロッパ的自然観の起源である。またそれは、近代科学における機械論的、技術主義的、客観主義的、合理主義的世界像の「源泉」でもある。ここでは、イデア論は、近代合理主義によって批判されるのではなく、むしろイデア論こそ悪しき近代合理主義の元凶、とされている。

ハイデガーの言い方は、ヨーロッパの近代社会の原理こそ現代史の大きな過誤の原因であり、その源泉にヨーロッパ哲学の形而上学的伝統がある、というヨーロッパ知識人の深刻な自己反省を巧みに代弁するような性格をもっていた。そのためにこの批判の文脈は、現在でも非常に大きな影響力をもっている。

ニーチェやハイデガーによると、イデアの世界とは、「超感覚の世界」、この世の向こう側にこの世のあり方の根本原理として〝実在〟するとされる世界の象徴的な原型である。またデリダによれば、それは超越的な「真理」の世界、「起源」とか「根源」といった理念をとおしてヨーロッパ的「知」の絶対性を支えてきた哲学的源泉なのである。

現代思想では「普遍性」とか「真理」とか「絶対」という観念は、それ自体で〝いかがわしいもの〟と感じられ、また「根源」や「原理」という概念すら厭われる傾向がある。その理由は、まさしくこの反＝普遍性、反＝真理、反＝原理の考え方が、マルクス主義（およびその基礎としてのヘーゲル主義）的ドグマへの徹底的批判の大きな武器となったからである。そして、それがまた西洋的理性への批判という文脈とも結びついている。そういうわけで、現代思想への興味から哲学の世界に入り込んだ人には、この第二のプラトン批判は非常に強力なものと見えるにちがいない。そのことは、かつてわたしもまた頑固な反＝プラトン主義者だったのでよくわかる。

しかし、いまのわたしの考えでは、この二つのプラトン批判は、プラトンの思想の核心を十分くみとった上での批判とはとうてい思えない。それはいわば、通俗プラトン思想に対抗する、通俗プラトン批判なのである。

ここで、わたしのプラトン像の輪郭をできるだけ簡明に描くとほぼ以下のようになる。

①プラトンは、ヨーロッパにおける哲学（フィロソフィー）という方法の本質的な意味での創始者だった。哲学の思考の本質は、それが「原理」の思考であり、かつ「普遍性」の思考だという点にある。また哲学の本質的なテーマは、人間の生の原理にかかわる。プラトンは、ギリシャの哲学的思考にこの二つの根本性格を与えることによって、真の意味で、哲学（フィロソフィー）という独自の思考方法の創始者となった。

②プラトンの中心思想はイデア説である。この考えは、見てきたようにしばしば、まず、彼岸の世界に実在する世界の秩序の最高原理と見なされ、つぎに、ヨーロッパの形而上学的思考、完全で絶対的な至高存在の思考（思想的プラトニズム）の原型である、として批判されてきた。たしかにプラトンのうちに「プラトニズム」の傾向は強くある。しかしそれにもかかわらず、この思想の核心は「普遍的思考」の本質的探究ということにあって、「プラトニズム」ということにはない。

③思想の「普遍性」とは、しばしば誤解されているような、あらゆることに妥当する完全な認識や知のあり方、ということを意味しない。「普遍性」という概念の本質は、異

なった人間どうしが言葉を通して共通の理解や共感を見出しうるその可能性、という点にある。言葉（論理）をどのような仕方で扱えば、この可能性の原理を捉えうるか。初期から後期にいたるプラトンの思考が一貫して示しているのは、まさしくこの課題の探究の軌跡である。

④　プラトンにおいてそれは、まず言葉の「本質」の取り出し（問答法）という場面から出発し、イデア論や想起説という独自の形をとり、さらに後期における存在論的探究にいたっている。この作業によって彼は、それまでの哲学の思考の中に萌芽として存在していた「原理的」な思考と「普遍的」な思考という概念の核をいっそう深く掘り下げ、そのことで哲学（フィロソフィー）という方法の創始を果したのである。

この『プラトン入門』の中心のモチーフは、従来の、あるいは現代的なプラトン像とその批判に抗って、このことを明示しようとする点にある。プラトン思想からさまざまな問題を取り出すことができるが、わたしとしては、ここにまさしくプラトンの中心問題があると考える。したがってこの本では、いわゆる入門書としてプラトン的問題をもれなく扱う、というやり方は取っていない。そのため、後期の政治論や存在論的弁証の比重は軽くなっている。だが、そこでの問題の中心点とその本質について、必要なことは十分論じられていると思う。

ともあれ、プラトンのイデア論の要をなす「原理的思考」と「普遍的思考」ということがらの核心を明らかにできれば、それはおそらく、哲学の思考の原型的な本質を再確認することにつながる。そして、そのことはまた、ヨーロッパの歴史の過誤からの反動形成（リアクション）として生じた、この二つの哲学原理の否認という転倒を明らかにする上で、重要な意味をもつにちがいない。

プラトンは、ソクラテスの仕事を引き継ぎ、ソフィストたちの相対主義的言語使用に対抗するという場所からはじめた。言語を本質的な仕方で用いること、それは、原理的、かつ普遍的な思考の方法の探究ということを意味するが、このモチーフが彼の中に「真・善・美」の本質の探究という主題を深く育てたのだ。「普遍性」の本質は、「真」の本質にではなく「善」の本質と結びあっている。これが「善のイデア」という〝アイデア〟を生んだプラトン哲学の始発の思想的直観だった。さしあたりわたしはそのようにいっておきたい。

第一章 哲学のはじまり

「普遍性」について

ヴィトゲンシュタインによれば、哲学は数学や論理学と並んで一つの「言語ゲーム」である。

たとえば橋爪大三郎はこの考え方を応用して、仏教は「悟り」についての言語ゲームといえると述べている。「悟り」がどんなものであるか、確実に知っているものは誰もいない。誰かがわたしこそは悟ったと宣言しても、ほんとうに彼が「悟り」に達したのかどうかは、誰にも確実には知られない。しかし、それでも多くの人間が、「悟り」なるものがどこかに存在すること、またそこに何らかの方途で到達しうる可能性のあることを信じ、これを前提に「悟り」が何であるかについての言語上の（ときには非言語的）ゲームに参加してきた、と。

また、近代最大の哲学者であるヘーゲルは、哲学が哲学である理由について、こんなふうにいっている。

哲学は、人間にとってある「無限なもの」「絶対的なもの」を求める手段という意味では宗教と通じている。しかし哲学と宗教には本質的な違いがある。宗教は「無限なもの」

を直観的、感覚的、想像的な仕方で求めるのだが、これはどんな歴史や文化にも見られる自然的かつ普遍的な人間の営みだ。しかし哲学は、人間が自分のうちにある、具体的世界を超えた何らかの「無限なるもの」への希求のありようをよく自覚し、反省し、理性的な形で対象化したときにもたらされるものだ。だから、この言語ゲームのルールは、宗教と基本的に違ったものになる（念のためいうと、ヘーゲルはゲームやルールといった術語は使わない）。

ヘーゲルはこう書いている。「普遍的なものが全体を包括するものとしてとらえられたとき、あるいは、存在が普遍的にとらえられたとき、あるいは、思考の思考が登場したとき、哲学ははじまる」（『哲学史講義』長谷川宏訳、以下同様）。

ヘーゲルは、宗教を、民衆をだまして私腹を肥やしたり支配の道具にしたりするためのもの、と見るような考え方をきびしく批判している。宗教はなるほどそのような側面をもつこともある。が、それは宗教の本質ではない。宗教の本質は、この世の生のさまざまな有限な可能性、目標、希望などを超越した何か「絶対的」で「無限なもの」を求めようとする、そういう人間の精神の本性にある。これがヘーゲルの考えだ。

この考え方は『精神現象学』にもはっきり表われている。そこでは、現実社会のさまざまな矛盾に直面した「精神」は、この分裂の意識を乗り越えようとして、一方で「信仰」

へ、そしてもう一方で「純粋透見」（自己の理性をあくまで信じようとする知のあり方、「啓蒙」へ向かう）へ向かうとされている。

たとえば、ヤスパースは『哲学入門』で、哲学は根源的なものへの思考だがそれは「驚き」から生じる、といっている。この言い方もなるほどと思わせるが、しかしヘーゲルと較べてみると、やはりヘーゲルの哲学観がはるかに透徹していると感じさせる。

人間の精神は自分と世界のあり方を考え尽くそうとする本性をもつ。だが、それが哲学的思考をもつには一定の条件を必要としている。一つは、抽象的な思考能力。もう一つは、すでに挙げた「普遍性」の思考。そして三つめが、自由な意識（個の意識）の成立。「哲学が成立するには自由が意識されていなければならない」（『哲学史講義』）。

こういう考察はいかにもヘーゲルらしい。生と世界に対する根本的な驚きはたしかに哲学の一源泉だが、それ自体では哲学的思考にはならない。むしろこの驚きへの問い自身が、「無限」で「絶対的なもの」に引かれる人間精神の本性から現われたものだ。哲学の思考が登場する前は、人はこれを、人知を超えたものへの怖れや畏敬の念において、宗教や神話という形で表現したのである。

……かくて哲学的に思考するとは、思考が普遍的な対象にたちむかうこと、普遍的なものを対象とし、対象を普遍的なものとして明確化することを意味します。感覚的に意識される個々の自然物を、思考は普遍的なものとして、思想として、客観的な思想として（略）明確化します。（『哲学史講義』）

ところで、すでに見たように現代思想では、このようなヘーゲルの「普遍性の思考」あるいは「思考の普遍性」という考えを、ヨーロッパ独自の「ヨーロッパ中心主義」的思考だとする批判が非常に強い。この批判によると、「普遍性」という概念は、それによって世界の一切の現象を整合的に説明し尽くしうる絶対的で根本的な観点が存在する、という確信を意味している。この、すべてを普遍的視線から理解できるという発想こそ、ヨーロッパ的理性に特有の傲慢で危険な考え方だ、というのである。

しかし、そうだろうか。「普遍」は悪い。この現代的観念は根強く蔓延しているので、いま少し立ち止まって考えてみよう。

歴史的に見ると、哲学と宗教の方法の最も大きな違いは、宗教が物語（＝神話）によって世界を説明するのに対して、哲学は抽象概念を使ってこれを行なう、という点だ。

神は六日で天地を創り、その後休息をとった。神によって創られた人間は、はじめは不死だったが、禁断の木の実を食べたことで堕落し、死すべき存在となった。これはユダヤ教＝キリスト教の物語。世界は、善神アフラマズダと悪神アハリマンの善悪二神がせめぎあっている、これはペルシャ宗教の物語だ。また、ギリシャの神話は、自然神的な汎神説を土台として、ゼウスを最高神とする神々の世界をもつ。やはりさまざまな自然神とイク、バァ、カァという三種の霊的存在を軸とするエジプトの神話。そして、輪廻転生と解脱という目標を基軸とした仏教の物語、等々。

宗教学者M・エリアーデによれば、さまざまな宗教における世界説明あるいは世界創設の物語には、必ず世界の〝存在理由〟と〝存在の意味〟がこめられている。

人間は、とくに厄災や苦しみが続くとき、そのようなひどい厄災や苦しみがもたらされる理由と意味が与えられなければとうてい生に耐えられない。なぜこんなに苦しまなくてはならないか。この苦しみにはどういう意味があるのか……。その説明がどういうものであれ、生の苦しみの理由と意味が与えられることが不可欠であり、宗教は物語の形でその説明を与える。そのことで人々は苦しい生を耐えることができる。

世界説明としての物語においては、それが「真」であるかどうかは問題にならない。大きな権威によって与えられること、そしてそれが共同体の成員に共有されるということだけが重要なのだ。この物語の共有は、人間の存在理由や存在意味の共有をもたらし、この共有が物語をもたらした権威への「信」を強め、それはまた共同体のさらなる結束と安定につながるのである。

だからまた宗教では、はじめに教祖によって与えられた（あるいは教祖に関する）物語についての解釈が積み重ねられていくことはあるが、この始発の前提が疑われることはまずない。この点への疑いを許すとその宗教の存立自体が危うくなるからだ。また、このような宗教と物語の権威は、多くの場合政治国家の支配の後ろ盾となってきた。宗教の物語がその前提を疑えない構造になっていることは、それを利用する政治的権威にとって非常に好都合なのである。

しかし、宗教の物語には大きな弱点がある。誰でもわかるように、神話は、その共同体の外に一歩でも出ると多くの物語のうちの一つの物語にすぎなくなる。共同体の内では生き生きしたイメージでもたらされた「世界と人間の存在理由と意味」は、他のものと並べられると、単なる「オハナシ」の一つにすぎないという性格を露わにするからである。

さて、では哲学の思考とはどういうものだろうか。

ギリシャにおける最初の哲学的思考は、ミレトスのタレス（BC六二四頃〜五四六頃）によって始められたといわれる（これは主としてアリストテレスとヘーゲルの証言によっている）。

タレスの残した言葉は、「万物の原理は水である」というものだ。なぜこれが哲学的思考のはじまりといえるのか。世界の全体を、「原理《アルケー》」とか起源といった概念によって考えようとしたこと。つまり物語を使用せず「抽象概念」を使用することによって世界説明を試みたことによるのである。

人間がどのような契機で、世界を一つの「普遍的な対象」として把握するようになるのかは興味深い問題だ。しかし、さしあたって重要なのは、哲学の思考が、物語を用いず抽象概念を用いて世界説明を行なうという「ルール」を設定したとき、それははじめて共同体を超える言語ゲームとして広がる条件を得た、ということである。というのも、宗教的物語と違って抽象概念（たとえば、一、多、有限、無限、変化、不動など）は一定の文化の発達をみたところでは必ず存在するから、どこでも使用可能なのである。

こうして、世界説明の言語が、一つの共同体に内属していた状態からこれを超え共同体の間で交換可能な言語ゲームになったこと、このことをまず、思考の「普遍化」と呼んでいいだろう。

世界が唯一絶対の秩序をもち、したがってこれを正しく捉える唯一絶対の観点が存在するはずだ、と考えること、これをあえて思考の「普遍主義」と呼ぶことはできる。だが、このような考え方と、思考のゲームが、共同体を超えて「普遍的」なものになっていくこと（より広範な人間がそこに参加できるようになること）は、決して一つのことではない。思考の絶対的〝普遍主義〟は、普遍的な思考の成立を一条件とし、しばしばそこから生まれる。しかし、ファシズムが、しばしば民主主義から生まれそれとは対極の本質をもつものであるように、思考の絶対普遍主義と普遍的思考とは違った本質をもつ。

また絶対的普遍主義の思考は古代から存在するが、しばしばいわれるように、ヨーロッパ独自の思考とはいえない。たとえば、インド哲学においても中国思想においても、物語による世界説明が抽象概念によるそれに代わられていくプロセスがあるが、概念による説明が抽象度を高めるとともに、唯一の秩序と絶対的な観点が存在するという考え方が、一つの類型として必ず登場する。そしてまた、これに対して絶対的なものなど決してありえないとする認識相対主義が、別の類型として現われるのである。

要するに、思考の絶対主義と相対主義の対立という事態は、哲学的な世界説明が盛んになるところでは、それ自体〝普遍的な〟現象なのである（小乗対大乗、唯識対中観、老荘と朱子学などがその例だ）。したがって、思考や認識の普遍主義をそれ自体として批判することは無意味である。それは結局思考の相対主義を強調し、そのためにまたリアクションとして絶対主義を呼び起こすだけだからだ。

思考の普遍主義への批判に理があるとすれば、それがその性格からしてしばしば権力や権威と結びつき、そのことで本来の思考の普遍性の条件を阻害するからである。悪しき意味での思想の普遍主義は、スコラ哲学やマルクス主義思想のように学の体系と権威が結びつくときに典型的に現われる（カトリックの普遍性をめぐる中世の普遍論争も、そういうモチーフを隠していた）。だから批判されるべきは、一つの特殊な考え方が強力な権威や権力によって普遍的だと強弁され、そのことでむしろ思想がその「普遍性」の条件（誰でも対等の権限でこの言語ゲームに参加できるというありかた）を失うという事態なのである。

哲学の普遍的思考とは、さまざまな共同体を超えて共通了解を作り出そうとする思考の不断の努力だが、思想の普遍主義とは、唯一絶対的な認識の観点が存在するという一つの独断的信念にすぎない。このことを混同すると、哲学や思想の「普遍性」ということの意味そのものを腐らせることになる。しかし、現代思想における普遍主義批判はまさしくこの混同のうちにある。

2 「原理」「概念」「パラドクス」

哲学の方法における「普遍性」という概念は、いま見たようなことがら、つまり、それが誰にもどこにでも開かれた言語ゲームである、ということにとどまらない。

先に見たように、哲学は「昔むかし、かくかくの神がいた……」といった物語を使わない。そのかわりに「抽象概念」を使用する。ここで抽象概念とはつまり、「原理」(アルケー)、「全体」、「無限」、「完全」、「同一」、「一」、「多」といった言葉である。

ギリシャ哲学のはじまりのシーンは、次のようにいわれている。

まず、タレスが「万物の原理(アルケー)は水である」と説いて哲学的思考を開始した。つづいて、その弟子アナクシマンドロスは、「万物の原理は〝無限なるもの(＝ト・アペイロン)〟である」と異説を唱え、さらにその弟子のアナクシメネスが、「気息(空気)(＝プネウマ)」こそ万物の原理であると説いた。

これを見ると、哲学という言語ゲームが始められたとき、抽象概念を使うことのほかにもう一つのルールがあったことがわかる。それはつまり、世界の「原理」(起源＝アルケー)とは何かを言いあてること、である。

ここでの「原理」とは、さしあたっては、物理学が物質の「何であるか」を説明するのにまず「元素」を捉え、つぎに元素の組み合わせを捉えようとするのとほぼ同じ発想と考えていい。というより、むしろ哲学の思考が、現在の物理学‐自然科学の考え方の起源なのである。じっさい、少し後でデモクリトスが、この「元素」(アトム)の考え方をはじめて明確に打ち出している。

ところで、ここで見られる「水」→「無限なるもの」→「気息（=空気）」という「原理」説の推移は、何を意味しているだろうか。

おそらく、タレスが原理として「水」を唱えた理由は、それがさまざまな物質の中でも最もよく純粋性と遍在性を感じさせたからである。アナクシマンドロスの「無限なるもの」は、万物の無限の多様性は「水」という一つの要素だけからは説明しきれない、という感覚からきている。またアナクシメネスの「気息」は、おそらく、前の二説では万物の〝変化〟という現象（生命を含む）を説明しきれないという考えによる。

こうして哲学という思考の方法は、概念を使うこと、世界の「原理」を見出すこと、という二つのルールをもっていたわけだが、このことの意味あいについて、さらに考えてみる必要がある。

まず、この「原理」という考え方の意味は何だろうか。世界を説明するために、はじめにその「根本原理」を設定すること。これは、必ずしもある絶対的視点を設定する考え方とはいえない。かりに、説を立てる人間にそういう感覚があったとしても、哲学という言語ゲーム総体としては、事態はむしろその反対のことになる。というのは、この三人による異説の推移がよく示しているのは、哲学という言語ゲームでは、世界説明を行なうのに〝どこから考えはじめるのがよい考えか〟についての提案を、誰でもが等しい権利でなしうる、ということだからである。

いうまでもないが物語は任意の場面から出発する。それは「昔むかし、あるところに……」という具合に始まるから、その出発点の妥当性を確認することも検討することもできない。そして、物語の信憑性や正当性は、説自体の妥当さといったことではなく〝誰が語ったか〟とか〝どれほど古いものか〟ということで決まる。

これに対して、哲学は、「原理」という考え方によって、〝どこから考えはじめるのが適切か〟をまず問題として俎上におき、誰でもがそれぞれ自分のアイデアを出しあったのち、これを議論によって鍛えあうという形をとるのである。

もう一つ、大事なことがある。

誰もが「原理」についてのアイデアを出せるということ、これはまたつぎのことを意味している。つまり、現われた説の正当性は、ただ、〝どのアイデアがより多くの人間を納得させるか〟ということだけに依存するのである。言い換えれば、そこにさまざまな説が登場するが、その議論の優劣の判断は何らかの特権者にではなく完全に一般の人間に委ねられる、ということである。じっさいわたしたちが見たように、はじめのタレスの説は、直ちに弟子の新しい説に取って代わられ、この説もまた次説によって修正された。このルールのもとでは、言語ゲームに特定の権威がからむ要素がないのである。

そもそも「原理」の設定という発想こそ、絶対的視点の設定を意味し、これがヨーロッパ的な普遍思考の原型だった、というような説は、いま見たように、言語ゲームというシステムの存在理由を考えない逆立ちした批判にすぎない。

さらに、哲学のルール設定はもう一つ顕著な特質を生み出す。宗教の物語は絶えざる権威づけを宿命づけられているから（それは権威を強める以外に正統性の根拠をもてない）、ここでは、教祖の教説はつねに絶対化されていく傾向がある。異説があるとしても、それは、教祖の真義はこうであった、という解釈の積み重ねの形をとる。これに対して、哲学の言説は、つねにもう一度「はじめの一歩」から始めるのだ。これはヨーロッパ哲学史を通覧すれば明らかである。

新しい論者は、先行する説のモチーフを深く受けとめたのち、いったんこの建物をこわして更地にし、それからすべてを自分の言葉でやり直す。このことはつまり、哲学の言語ゲームは、つねにもう一度自明なものの一切を見直し、問いの形を根源的なものとして立て直すような、そういうシステムになっているということだ。

こうして、概念を使用し「原理」を探究するという哲学の基本ルールは、それによって多くのことを果たしていることがわかるだろう。ともあれその根本は、言語ゲームを〝普遍化〟したということであって、〝絶対化〟したということではない。言説の絶対化は、まったく異なった諸原因から生じるのである。

さて、こう考えてくると、哲学は物語に比べてよいことずくめの言語ゲームのように見える。しかし、いくつかの大きな弱点もある。

まず第一は、「原理」についての統一見解が成立しにくい、ということだ。「原理」とは何かについて一つの提案がなされる。しかしこれが公にさらされると、それがほんとうに根本的な「原理」といえるかについて必ず何らかの弱点が見出されることになる。そこでまた、これを越えようとしてつぎつぎに新しい説明原理が提案され、結局はなかなか統一的見解が出ないのである。

ギリシャ哲学の学説の推移はまさしくそのような大筋にそって進んでいる。はじめにタレス、アナクシマンドロス、アナクシメネスのイオニア自然学派は、「原理」を自然の根源的な構成要素という形で捉えていくつかの仮説を出した。だが少し遅れて、南イタリアのピュタゴラス（BC五七〇頃〜四九六頃）は、自然世界に秩序を与える根源的原理を〝この世界を超えたもの〟においた。彼は宗教教団の教祖でもあったが、「世界の原理は数であり、宇宙の本質はハルモニア（＝調和）である」と唱えた。ピュタゴラスの「原理」は宗教的な性格を色濃くもっているが、概念によってそれをいい表わすという点では、哲学という思考の刻印を帯びている。

イオニア自然学派をつぐのはヘラクレイトス（BC五四〇頃～四八〇頃）だが、彼の中心課題は世界の〝変化〟を説明することだった。世界の一切はたえざる変化の相にあると説いた彼の「万物流転」説は、プラトンの思想にとっても重要な意味をもっている。

さらにエンペドクレス（BC四九三頃～四三三頃）とアナクサゴラス（BC五〇〇頃～四二八頃）は、両者ともそれぞれ「要素」と「動因」の原理を設定して、世界の多様きわまりない生成変化を説明しようとした。エンペドクレスが「四元素＝土、水、風、火」と「愛と憎」、アナクサゴラスは「スペルマタ（種子）」と「ヌゥス」だ。

イタリアではエレア学派の祖、パルメニデス（BC五一五頃～四四五頃）が登場する。彼のよく知られた言葉は「あるものはあり、あらぬものはあらぬ」というものだ。彼は、いったい「ある」とはどういうことかという問いを提出したことで「存在論」の創始といわれる。またヘラクレイトスの「万物流転」の説とちょうど対極に、世界は不動の「一」なるものだと説いた。その弟子ゼノンも「アキレスと亀」のパラドクスで有名である。

総じて、タレスから出発した小アジアの哲学は〝自然科学的〟で、ピュタゴラスを出発点とする南イタリアの哲学は〝形而上学的〟な性格をもつといわれる。

こう見ると、ギリシャ哲学の基本ルールが、物語を排し、概念をもちいて世界の「原理」（あるいは「起源」「根本要因」「根本動因」）を設定するという点にあったことがよくわかる。また同時に、このような異説の推移は、哲学がその「原理」説を公的な議論にさらし、そのためなかなか一つの共通見解にたどり着かないという事情をも、明瞭に示している。

さて、哲学の第二の弱点は、第一の弱点以上に重要な意味をもっている。それは、哲学が抽象概念を使用するということに由来する。これをきわめて鮮やかに象徴するのが、よく知られたゼノンの「パラドクス」である。

このパラドクスは、「アキレス（トロイ戦争で登場するギリシャの英雄、快足の持ち主として知られる）は亀をけっして追い越せない」というものだ。

アキレスと亀が競走するのだが、スタートラインで、アキレスを亀から少し後ろの地点に立たせ、ヨーイドンで、同時に走り出すことにする。ゼノンによれば、アキレスがさっき亀のいた地点まで到達した時には、亀はアキレスの少し前を走っている。アキレスがいくら速く走っても、一定の距離を進むためには一定の時間がかかるからだ。つぎにまた、アキレスがさっき亀のいた地点まで到達する、と、亀はまたほんの少し前を走っている。そしてこの事態はどこまでも繰り返される。

つまり、アキレスが以前に亀がいた地点まで到達した時には、亀はつねに、どれほど小さな距離であれ必ずアキレスの少し前を走っていることになる。この循環は論理的には無限に続く。そこでゼノンはいう。「アキレスはけっして亀を追い越せない。なぜなら、有限の時間のうちに無限の点を通過することは不可能だから」、と。

大森荘蔵によれば、このゼノンの難問については、「現在まで誰もこのパラドクスを、解いてない」（『音を視る・時を聴く』坂本龍一との対談）。だが大森荘蔵の言葉は、彼ほどの現代哲学者にしてなお、ゼノンのパラドクスが象徴する哲学固有の「難問」の意味がつかめていないことを示している。

わたしの考えをいうと、このパラドクスについては、それを論理的に「解く」ということにはたいした意味はなく、それが哲学の難問として現われていることの「本質」を理解することが重要なのである。もちろんそのことはこのテーゼの見かけの「パラドクス」を〝解く〟ための前提でもある。

いまこの問題を考えてみよう。

このパラドクスが解きがたいもののように見えるとすれば、その理由は一つしかない。「有限の時間のうちに無限の点を通過することは不可能」というテーゼを妥当と認めれば、このパラドクスは必然的に解きえない。そして多くの哲学者や数学者がこの前提のテーゼを暗黙裏に承認しているために、「ゼノンのパラドクスは誰も解けない」という意見が現われている。だが、一見動かしがたいように見えるこのテーゼは、じつはまったく妥当性をもっていない。

このテーゼの核をさらに端的にいい表わすと、「無限＞（大なり）有限」という命題になる。しかしこの命題は、ただ、大きいものは小さいものに含まれえないといった一般像の上での妥当性しかもっていない。

つまり、「有限の時間のうちに無限の点を通過することは不可能である」という命題は、「有限なもの」の中に「無限なもの」は入りきらないという一般像（表象）によって支えられているのだが、この命題自身は何の妥当性ももってはいないのである。これを簡単に〝証明〟してみよう。

「無限なもの」は「有限なもの」の中に含まれない。これがゼノンのパラドクス全体を支える命題だが、しかしこれは何ら自明ではない。「無限なもの」は「有限なもの」の中に何の不合理もなく含まれうるからだ。

たとえば、「有限＞無限」という事態はいくらでもありうる。誰にでもわかることだが、一つの円を描くとその内部は「有限」な領域になる。しかし、この有限な内部の領域の中に、任意の「点」は無限に存在することができる。また一本の紐はその長さにおいて有限だが、論理上、これを無限に半分に分割していくことができる。この場合も有限の長さの中に、無限の点（分割点）が存在しうる。このように、「有限＞無限」という事態はいくらでもありうる。

　われわれは、足の速い人間が足の遅い人を追い抜くことをよく知っている。これはいわば、「有限の時間のうちに無限の点が通過されている」ということだ。しかし、なぜわれわれは、この事実を「アキレスと亀」の論理でいい表わすと解きがたい「パラドクス」と考えるのだろうか。日常的にごく自明のことがらが、論理的にこれを表現すると「有限＞無限」ということになると考え、これを矛盾だと考えるからである。そしてこの場合、もちろん日常の事態に矛盾があるのではなく、「有限＞無限」を矛盾だとするわれわれの頭の中の「論理の秩序」が〝間違って〟いるのである。

　したがって、ゼノンのパラドクスを解くということは、これまで多くの哲学者が考えたように、「有限の時間のうちに無限の点を通過することは不可能である」という命題を、論理的操作によって「可能である」へと変換することではない。われわれの「論理の秩序」がしばしば誤った形を取るその根拠を解明すべきなのである。

　その根拠を次のようにいうことができる。「無限」や「有限」といった抽象概念は、そのつど措定される一つの観点にすぎないのに、人はこの概念を使用するうちこれを何らかの「実体」として表象してしまうことにある、と。

「無限－有限」「全体－部分」「一－多」「変化－不変（同一）」「動－静」「永遠－瞬間」な

どといった概念は、ギリシャ哲学における範型的な抽象概念である。

これらの抽象概念の本質は、それらがそのつどある観点を提示するということにある。ところが人はこれらの概念を、その内実を厳密に規定できる数学的な実体的概念のように考え、そのように使用する。

たとえば、「無限」や「有限」という概念は、〝量〟や〝長さ〟などについての〝大いさ〟を表示しているのではまったくない。それはただ、そのつどある対象のある側面をある観点から把握し、これを「有限」とか「無限」として表示するにすぎない。

描かれた円の内側は〝領域〟という観点からは「有限」であるが、そこに存在しうる任意の点の所在という観点からは、「無限」だということができる。何らかの長さをもつものは、これを半分に分割してゆける可能性としては「無限」だが、長さの〝大いさ〟としては「有限」である。「無限」や「有限」はこのように、なんら実体的な〝大いさ〟、特定の量、長さ、広さなどを意味しない。いくら小さなものでも、観点の取り方で、そのうちにいくらでも無限なものを見出すことができるのである。

ところが人間の観念の世界は、概念を扱う場合にも必ず何らかのイメージを媒介とする性質をもっている。そのためわたしたちは、あたかも、砂糖つぼの中に樽を入れることはできないとでもいうように、「有限なもの」の中に「無限なもの」は入らない、と表象するのである。

このような、〝概念を実体的なイメージにしたがって操作すること〟につきまとう「実体化の錯誤」は、哲学のみならず、抽象概念を扱うすべての論理的思考の領域に普遍的に存在する錯誤である。そしてこの錯誤が明瞭に自覚されるまでに哲学は長い苦闘の歴史を必要とした（だがありていにいえば、この自覚がまだ十分行きわたっているといえないことが、ゼノンのパラドクスはまだ解けないといった説が現在でも流通しているところに、よく示されている）。

ちなみにいうと、よく知られたデカルトの「神の存在証明」も、まさしくこの「概念のイメージ的実体化の錯誤」によって成り立っている詭弁論である。

デカルトはこういう。人間は「不完全」な存在であるから「神」という「完全な」観念が人間自身の内から生み出されたものとは考えられない。だから「神」の観念は、人間以上の「完全なもの」がその原因となっていると考えるほかにはなく、したがって、「神」が存在すると考える以外にはない……。この〝証明〟の前提的テーゼは、「不完全なものは完全なものの原因たりえない」である。ここまで読み進んできた読者は、これが「無限なもの∨有限なもの」と同構造の論理であることを容易に理解できるはずだ。ただし、デカルトの名誉のためにいうと、彼は全体としては、このような概念実体化の論理操作の少ない哲学者だった。

ともあれ、いま見てきたような理由で、この「概念の実体化」の錯誤は、物語をやめて抽象概念の使用を原則とした哲学の思考にとって、本質的な陥穽となった。スコラ哲学におけるいわゆるスコラ論議は、この概念を実体化する論理使用が極端にまでいきつくことで現われた〝思考の廃墟〟というべきものだし、初期仏教哲学における、存在、無、空、中道の諸論議においても、この傾向は非常に強い。さらに、近代哲学に入ってもスピノザ、ライプニッツをはじめとして、概念実体化の論理はそう簡単に消えない。そしてじつのところ、現代哲学においても事情はさほど変わっていないのである。

論理使用における概念実体化の陥穽について深い自覚をもっていた哲学者は、きわめて少ない。ちなみに、ホッブズ、ヒューム、カント、ヘーゲル、ニーチェなどはこの罠にほとんど落ち込んでいない。現代哲学では、とくにフッサールとヴィトゲンシュタインが、この問題についての明瞭な自覚者である。

ともあれ、こうして哲学は、抽象概念を使用し「原理」を取りだすという新しいルールによって、共同体を越えるより〝普遍的〟な言語ゲームとして登場したが、抽象概念の使用は、また同時に哲学的思考の独自の難点を作り出した。ここから、哲学という言語ゲームに固有の課題が生じたという点に注意しなくてはならない。すなわち、哲学の思考は、ただ「原理」を探究するという努力だけではなく、同時に、つねに概念の実体化による論理の空洞化に抗いつつこの作業を行う、という課題を負うものとなった。というのも、もしこの課題を怠れば、哲学は必ず、論理に論理を重ねて難問だけを作り出すような空虚な言語ゲームとなり、そのことで、その思考の本質を腐らせることになるからである。

のちに見るように、ソクラテスは、哲学におけるこの課題についてのはじめの自覚者として登場してくる。

3 「根源」への問い——なぜ無ではないのか

ここまで、ギリシャに生まれた哲学という方法が、どのような特質と難題をもって進んできたかを見てきたが、その基本構図をつぎのように整理しておくことができる。

① 物語ではなく抽象概念を使用する。
② 世界の存在について根本「原理」を設定し、そこから世界全体の説明に至る。
③ 「構造」と「動因」の相関性の解明。

④　物質的原理と精神的原理の相関性の解明。
⑤　抽象概念の使用による論理的パラドクス（アポリア）を解くこと。

世界の存在の基本「原理」を設定し、自然のありようとその変化の原因（動因）をつきとめ、物質と精神の相互関係を探究し、そして論理や言葉というものの本性を明らかにすること。こう書くと、この基本課題は、現在の思想、哲学、科学においてもほとんど変わらないことがわかる。

ところで、宗教や哲学の初発の動機である「世界説明」ということの意味についても、ここでもう一歩踏み込んで考えてみよう。

哲学以前には宗教の物語があったとわたしは述べたが、もう少しいえば世界説明の物語は必ずしも宗教的神話だけだったわけではない。

たとえば、タレスより古いギリシャの賢人たちの一人、ヘシオドスは、「そもそもの初めに生まれ出たのはカオス」、そのつぎに「胸広のガイア」と「薄暗きタルタロス」と「こよなく美しいエロス」が生まれたと説いた。「カオス」はさらに「エレボス」と「ニュクス」を生み、「ニュクス」がさらに「アイテル」と「ヘメレ」を、という具合に、森羅万象をつかさどるさまざまな神々が生まれ出ることで世界に秩序が現われる、という説明になっている。やはりタレス以前のペレキュデスも、ゼウス（太陽の神）、クロノス（時の神）、ゲー（大地の神）などの神々の寓話によって世界説明を行なっている。

ここで注意すべきは、物語による世界説明というものがそもそも世界の「確かめえない領域」について説明しようとする要求から現われている、という点にある。これはどういうことか。

ユダヤ教の神話は、神による天地創造の物語から始まる。そしてこの物語には、すでに触れたように、「なぜ世界は存在しているのか」とか、「人間はどういう理由で存在し、なぜ死ぬのか」、「なぜ人は苦しみつつ生きるのか」といった、「世界」と「生」自身の意味への問いとその答えが封じられている。そしてこれは、人間が世界説明を求める最も原型的な動機だといえる。

このような問いは、たとえば、いかにして獲物を巧みに捕らえるか、とか食べ物をいかにうまく保存するかといった生活方法の問いとは異質なものだ。この問いは日常生活で直接必要な問いではないが、人が生きるかぎり必ずいわば生自身の深部から滲みだしてくるような問いなのである。

じつは、以後哲学が長く問うことになる、世界の「起源」や「限界」、「魂は不滅か（＝

死んだらどうなるか）」、「世界の根本動因（＝神のような存在がいるか）」、「自由な存在の根拠」といった問いは、もともとはこの「生それ自身」への問いが変奏されたものである。哲学が、世界の「原理」とか「起源」とか「根源」といった形で問いを作るのは、そのような理由と動機によることを確認しておくことは無駄ではない。というのは、ソクラテスやプラトンが哲学の問いを刷新したというとき、その思想営為は哲学本来のこのような問いの意味と深く結びついているからである。

ともあれ、ここで注意すべき点があって、それはいま見たような「生それ自体」から現われる世界への問いは、じつはほとんどがそもそも〝確定的な答えをもたない問い〟だということである。

世界の起源や限界はどうなっているか？ 死んだらどうなるか？ 「神」のような存在がいるのか（＝世界の根本原因はあるのか）？ これは、誰でもが多少は気になる興味深い問いだ。しかし、じつをいうと、この問いには〝答えがない〟のである。

こういうと、少しがっかりする人や、なぜ答えがないといえるのかと思う人もいるにちがいない。現在でも、自然科学は、世界の起源や限界を探究しているし、死後の世界などについても探究している科学者もいるではないか、と。

しかし哲学的には、この問いに「答えがないこと」（答えがわか・ら・な・い・のではなく）ははっきりしているのである。

こういった問いに「答えはない」ことをはじめて原理的に明らかにしたのは、カントである。彼の説明はとても厳密だ（『純粋理性批判』）。

カントによれば、人間の理性には、事物の存在の「理由」や「原因」を、ある完全性、全体性にいたるまで問いつづけようとする本性がある。このため人は、いま経験として現われている世界の自明性だけでは決して満足せず、いまものごとがこのようにあるその原因をどこまでも問い続けようとする。そしてこの推論を果てまで引き延ばすと、経験の背後にあって経験の世界を支えているその根本原因は何かという問いにまでいたる。これが世界の「起源」や「魂の不滅」や「根本原因」という問いの構造的な理由である。しかし、それにもかかわらず、この問いに明確に答えることは原理的に不可能である。

カントの説明を（有名な「二律背反＝アンチノミー」というのがそれだ）翻案して説明するとこうなる。

宇宙のいちばんはじめがどうなっているかという問題は、ほんらい、経験不可能な問題だ。だが、人はこれを抽象的な推論の能力によって論理的に限界まで追いつめようとする。たとえば、あらゆるものがその原因をもつ。であるなら、この原因の系列をどこまでも辿っていくと、必ず最後の原因にゆきつくはずだ。これを神とよぶ以外にない、という具合である。ところが、経験世界の原因 - 結果の系列は本質的に経験世界だけでしか確かめられないものである。

そもそも「原因 - 結果」という系列で答えが出るのは、二つの領域において、つまり、経験の領域と純粋論理の領域においてである。火は温度が高いのでやけどする。これが経験の領域。1たす1は2になる。これが純粋論理の領域。しかも、この二つの領域は一見つながっていて相互に転換可能に見えるが、原理的にはまったく異質な世界だ。

1＋1は2、はいつも必ずそうなると決められた「純粋ルールの世界」である。ここでは「1」とか「＋」という概念は、厳密な論理的秩序をもっている。ところが経験世界では、概念はそのつど何らかの観点を示すだけであって、純粋論理の世界においてのような厳密な秩序をもたない。だから、1と1を足して3になったり、1でしかなかったりということがいくらでもありうる（例＝二つのコップの水を足す、量としては二倍だが、まとまりとしては一になる。違う物質が化合して量が五倍になることもある。つまり、観点のとりかたでどうともいえるのだ）。

純粋な論理的推論の世界は、経験の世界とは原理的に必然的な関係をもってはいない。前者はもともとは後者から生まれ出たのだが、両者はただ似ているだけなのである。だから本質的に経験世界を越えた問い、つまり、世界の起源は何か、神は存在するか、死んだらどうなるか等においては、原理的に純粋な推論は成立しない。それらはそもそも「答えの出ない」問いなのである。

ちなみにいうと、現代でもしばしば哲学者はこのような不可能な問いを立てている。「私とはそもそも何か」「なぜ世界は存在するのか」「なぜ自分は自分であって、他の誰でもないのか」「人は何のために生きているのか」等々。哲学の問いが、このような世界や自己の存在それ自身に対する根源的な問いであり、これを深く考えつづけることこそ哲学の本領だ、というような意見もしばしば見られる。しかし、じつは、このような言い方は的が外れている。

これらの問いは、たしかに哲学と宗教がともにいちばん底の動機としてもっていた問いだ。ところがこの問いに直接答えることは、いま見たように原理的に不可能である。カントがはじめにそのことを明らかにし、その後、幾人かの優れた哲学者たちは、これを自覚的に受け取って哲学の問いを新しい場面に推し進めた。ところが、この原理がすべての哲学者や思想家に受け継がれているかというと、なかなかそうではないのである。

たとえば、ハイデガーはその影響の甚大さから二〇世紀最大の哲学者といわれているが、後期に、つぎのような謎めいた問題提起を行なった。

「なぜいったい、存在があるのか、そして、むしろ無があるのではないのか」（『形而上学入門』)。ここでハイデガーは、この問いこそ「形而上学の根本の問い」だと書いている。というのも、彼によれば、この問いこそは世界の「起源」や「根源」への問いである以上に、世界の存在それ自体に対する「なぜ?」であるからだ。

事物はなぜ存在するのか、あるいはまた、なぜ生命や意識や思考といったものがさまざまな存在者とともに存在するのか。さらに、なぜ「この私」というものがこの世に存在を受けたのか。そのことに何らかの理由や意味があるのか。こういった問いこそ最も「根源の問い」であり、自分の哲学はこの問いに答える哲学だ、そのキーワードは「存在」である。そう、ハイデガーは主張する。

ハイデガーは『存在と時間』という超一級の実存哲学を書き、しかも近代に対するヨーロッパ知識人の反省に明瞭な形を与えた優れた哲学者だった。またこの「存在」というキーワードが一種謎めいた魅力に満ちたものだった。そのため彼のこの問いは、多くの哲学徒の熱狂を呼んだ。しかし、わたしの考えでは、ハイデガーの考えは哲学の思考としてはもはや古いものになっている。

ニーチェにこういう言葉がある。「彼は思想家だ、という意味は、彼が事物を実際あるよりも単純に取ることに妙を得ているということだ」(『悦ばしき知識』信太正三訳)。

ハイデガーの記述は独特の複雑精緻さがあって、それが彼の説に奇妙なリアリティをあたえているのだが、その言わんとするところを核心として「単純に取る」と、彼の問いの形はかつての古典的形而上学を超えていないのである。

「そもそも存在とは何か」、この問いは一見、さきの「起源」や「根源」の問いを、それ自体可能にしている最も原初の問いであるかのように見える。しかしそれら起源や根源の問いは同じ本質をもっている。つまり、これらの問いは、その問いかけの根拠を人間の存在不安それ自身にもっているのである。

人間存在は自我というものをもっている。人間の自我はつねに新しいエロス的可能性を求めていると同時に、たえざる不安を抱えている。この生と自己存在へのたえざる不安が、人が世界と自己について完結的な答えを求める根本の動機なのである。つまり、「なぜそもそも世界や自分が存在するのか」とか、「なぜいったい、存在があるのか、そして、むしろ無があるのではないのか」という問いは、ハイデガーの考えに反して、決して〝根源的〟な問いではない。この問いはそれ以上遡行不可能な問いというわけではなく、その問いを成り立たせている明らかな動機をもっているからだ。つまり、「なぜ存在があり、無があるのではないのか」という問いよりも(この問いは、「存在」や「無」という概念を〝実体的なもの〟としてすでに前提している)、なぜ人は古来からそういう形而上学的問いを問わざるをえなかったか、という方が、より本質的な問いなのである。

だが、「存在それ自体とは何か」とか、「私というこの存在自身とは何か」という問いを深く考え続けることにこそ哲学のほんとうの姿がある、といった言い方は、ちょうど文学に文学趣味がつねにつきまとっているように、いつの時代にも存在する。しかし、哲学の本質は、思考の方法、思考の普遍的な方法を原理として探究するところにあり、この見せかけの「形而上学的問い」は、先に見たような「パラドクス」の難問と並んで、つねに哲学の本質を見失わせる大きな要素なのである。

哲学における論理的難問（パラドクス）は「概念の実体的使用」に由来する。同様に「形而上学」の見せかけの問いは、純粋論理の領域でしか成立しない推論を、人間の経験世界にそのまま適用しようとする錯誤に由来する。この二つの錯誤は本質を同じくしているのである。

さて、哲学の思考は、もともといま見たような「生それ自身」に対する人間の問いに起源とモチーフをもつ。そしてその底には、人間の、生に対する根本的不安と、「絶対」を求める根本的希求がひそんでいる。それがギリシャ哲学において「原理」「原因」「起源」「根源」（これらはすべてギリシャ語での「アルケー」にあたる）への問いという形を取ったのだ。

ソクラテスとプラトンは、このようなギリシャの思索の世界における「原因」(=これまで「原理」と呼んでいたものと同じ)という概念を、独自の仕方で変更しようとした。もちろん彼らは「原因」「起源」「根源」といった概念自体を「形而上学的」として否定したわけではない(哲学においてそのことが可能になるには近代まで待たねばならなかった)。彼らはただその意味を大きく変更したのだが、そのことを通して彼らは、いま見てきたような哲学における二つの錯誤にはじめて本格的に対抗する思索者となったのである。

4 「原因」について――『パイドン』のソクラテス

『パイドン』は、プラトンの著作中ほぼ中期の作とされる。ここでの登場人物はパイドンとエケクラテス。死刑の判決を受け毒杯をあおいだその当日、死を前にしたソクラテスが若きパイドンに語って聞かせた話が回想形式で語られる。

『パイドン』が、中期プラトンの代表的対話篇であることは周知の事実だが、ここでの最大のテーマは人間の「魂」の問題である。そしてここには、いわゆる〝プラトニズム〟の典型的な主張がある。霊肉二元論の強調、魂の至上主義。世俗的欲望と快楽の軽視。魂の不死の証明、死後の世界における魂の救済の可能性等々。

『ソクラテスの弁明』、『クリトン』、そしてこの『パイドン』は、ソクラテスの裁判と死をめぐる三部作といわれているが、極端な「魂のプラトニズム」の色彩がきわめて強く、現代的な反＝プラトン主義の批判の的となっている感がある。たとえば、ニーチェは『悲劇の誕生』でこれを「美的ソクラテス主義」や「知的楽天主義」と呼んで批判した。つまり、「美であるためには、すべてが理知的でなくてはならない」という命題や、「知と認識に万能の力をみとめ、誤謬こそ悪そのものである」という考え方が、ここに如実に表現されている、と。

ちなみにいうと、ハイデガーが批判したプラトンにおける「感覚的なもの」の極度の軽視ということも、とくにこの『パイドン』で著しい。「感覚的なもの」は仮象であり、同一ならざるもの、永遠ならざるものとして人を欺くものにすぎない、とされる。ハイデガーによると、この「感覚的なもの（仮象）」－「超感覚的なもの（本体）」という対立項こそ、自然と魂、素材（マテリア）と形相（エイドス）、存在と当為などの分割を基礎とするヨーロッパ「形而上学」の起源なのである。

しかし、彼らの批判はひとまずおく。ここでわたしが注意を喚起したいのは、『パイドン』で、プラトンがソクラテスの口を通して展開している、「原因」あるいは「根拠」についての考察である。

このテーマは『パイドン』の中ほどに現われる。これに先行して、いかにもソクラテス的な、人間における「魂への気づかい」というテーマについての対話がある。対話相手である青年ケベスが提出した「魂の不死」についての疑念と反問に対して、ソクラテスは、少し話の中心をずらすようにして、「事物の生成と消滅」の「原因・根拠」についての彼独自の考察を語る。

ソクラテスはケベスにこういう。

——君が探究している「事物の生成と消滅」というテーマは、まことに容易ならないことがらだ。そこで、この問題について私が経験してきたことを君にすっかり話してみよう。その話の中に、君にとって役に立つことが含まれているかもしれない。

私もまた、若いころには、あの「自然についての探究」と呼ばれるものにどれだけ熱中したかわからない。そしてさまざまな哲学者たちの考え方を自分なりに検討してみて、まさに目の眩む思いをした。たとえば、人が「大きくなる」ということの「原因・根拠」は何であるといえるか。それはたとえば、「飲食」によってと答えることができる。しかしそれは決定的な答えだろうか。

また「10」が「8」よりも大きいことのその「原因」は、「2」によって大きい、といえるがそれでいいのか。あるいはまた、1に1を加えて2となるとき、その「原因」はあとで加えた1なのか、それとも、両者の「集合」ということをその場合の「原因」というべきなのか？　さらにまた、1を分割して2としたとき、2が生じたことの「原因」は「分割」ということだというべきだろうか？　しかしすると、「集合」と「分割」というまったく相反することがらが、2が生じるという一つのことの原因になることになる。

そんな具合で、この根本的な「原因・根拠」が何であるかという問題は、考えれば考えるほどこんがらがってはっきりした答えがでないもののように思えた。そこで私は、もはやこのような探究の仕方では自分を納得させられないと考え、いままでのような考え方ではない別の考え方を見出す以外にはない、と感じていた。そんなときに私は、ある人がアナクサゴラスの「ヌゥス（知性）」の説についていうのを聞き、ひどく動かされた――。

ところが、ある人があるとき、アナクサゴラスの――ということだったが――その書物の中から、読んできかせてくれているうちに、

――すべてをひとつに秩序づけ、すべての原因となるものは、ヌゥス（知性）である――というのを、語るのをきいて、この原因ならば、と私はよろこびを感じたのであった。そしてヌゥス（知性）をすべての原因であるとすることは、或る仕方で把握されるならば、まことによき考えであると、私には思われた。そしてこのように信じた。

もしそうだとすれば、ヌゥス（知性）が秩序づけている以上は、いかにあるのが最善なのかというまさにその仕方で、すべて（万有）に秩序をあたえ、またそれぞれをしかるべくそこに置いているはずである。であれば、もしひとが、いったいいかにしておのおののものが生成し、消滅し、また存在するのか、というその原因・根拠を見出したいとのぞむならば、これについてひとが見出さねばならないことは、ただひとつ、それは、

――いったい、いかなるありようにおいてあるのが、そのものにとってもっとも〈よい〉のか。また他からの作用をうけたり、他に作用をなす場合に、いったいいかなる仕方でそれがあるのが、もっとも〈よい〉のか――

ということなのである。たしかにこの論からすれば、人間にとって本来考察するにふさわしいことは、その者自身についてであれ、また他の物事についてであれ、ただ、どのようにあるのがもっともよいかというそのこと、つまりそのものにとって最高の善とは何かということ、だけなのである。そうすればまたその人はおなじく、悪のほうをも知るにちがいない。なぜなら、両者はおなじ知識に属するのだから。（『パイドン』、『プラトン全集1』松永雄二訳、傍点引用者）

ここに一つの大きな視線の転換が生じていて、ソクラテスがその発見に自ら驚いている

様子がよく伝わってくる（中期までのプラトン著作では、ソクラテスの思想とプラトンのそれを厳密に分けるのは少しむずかしい。そこでここでは、両者の思想の区分には強くこだわらないことにする）。だが、この視線の転換の意味を適切に表現するのはそう簡単ではない。

さしあたっていうと、まずソクラテスが理解したのは、「原因・根拠」を、「飲食」が人が大きいことの原因だとか、「2」が10が8より大きいことの原因だといった、事実上あるいは論理上の秩序で説明する仕方では、必ず多くの論理的パラドクスが現われて収拾がつかなくなる、ということだ。2が生じる「原因」は、ある場合は「集合」、ある場合は「分割」だといえるからだ（これはプラトンが概念の「観点」的性格に気づいていたことをよく示している）。だから「原因・根拠」について何か別の考え方が必要になる。

そして、アナクサゴラスの「ヌゥス（知性）こそが万物の原因である」という言葉から、ソクラテス（あるいはプラトン）は、「原因・根拠」の「本質」についてのある重大な直観をつかんだのだが、注意すべきは、彼が「ヌゥス（知性）」説の核心を「善」という言葉においてつかんでいるという点である。

さまざまな秩序の「原因・根拠」なるものの本質は、事実的な、あるいはそれを表示する論理的な「因果の関係」としては捉えられない。なぜならそれは任意の観点を生み、したがって任意の系列を作るから、多くの〝原因と呼べるもの〟を生み出して、まさしくそのためにどこにも行きつかないからだ。さまざまな秩序の真の「原因・根拠」とは、むしろ、何が「善」であるかという価値的な「根拠の関係」に本質をもつはずだ……。わたしの考えでは、これがまずソクラテス（あるいはプラトン）にやってきた思想的な直観なのである。

ところで、このソクラテスの「原因・根拠」の探究の話はまだ先がある。

——私は、そこで大いなる期待をもってアナクサゴラスの書物を読んでみた。ところが、アナクサゴラスときたら、万物の秩序の原因にこの「ヌゥス」という原理を役立たせることをせず、むしろ「空気」とか「エーテル」とか「水」とかいった、よくある言い方をもちだしてそれらを世界の「原因」としている。そこで私はすっかり失望してしまった。

アナクサゴラスの言い方は、いってみれば、この私がここに座っていることの「原因」を、ソクラテスの体を形作る骨や腱や筋肉があり、それらの適切な連係がソクラテスをしてここに座らしめている、というのと同じである。だが、私の考えでは、私がここに座っているその真の原因は、私が、それがどんなものであれ国の定めた法によって下された刑であるかぎり、たとえ逃げ出せる可能性があってもそうせずにこの刑に服するべきである、と考えていることによるのである。そのようなことこそ、真に「原因」と呼ばれるべきものではないだろうか。

しかしこれまで哲学者たちは、「原因」というものをまさしくアナクサゴラスが考えたように考えてきた。つまり、骨や腱や筋肉の連係や関係といったものこそ、私をここに座らせている「原因」だと。彼らは要するに、ほんとうに「原因」と呼べるものと、「原因」を「原因」たらしめる条件にすぎないものとを取りちがえているのである——。

こうしてソクラテスは、アナクサゴラスの「ヌゥス」説に別れをつげるのだが、この辺りに、ソクラテス＝プラトンが従来のギリシャ哲学の「原因」概念を書き換えた核心点が最もよく表現されている。

しかし『パイドン』はすでに中期の著作であって、このあとさらに展開される「原因」の探究は、はっきりプラトンのイデア説の性格を示す「原因・根拠の探究についての第二の航行」と呼ばれるものへと移っていく。

だがともあれいまのところそれは、重要ではない。

わたしの考えでは、「ヌゥス」こそ万物を秩序づける原理であるというはじめの直観は、プラトンの「イデア説」にとって決定的な意味をもっている。「原因・根拠」の本質を価値的な根拠関係としてとらえるという発想こそが、「真・善・美」という価値の秩序の本質それ自体を探究するという、従来のギリシャの思考には存在しなかった新しいテーマを提出しているからである。

そしてそれは、「人間にとって本来考察するにふさわしいことは、その者自身についてであれ、また他の物事についてであれ、ただ、どのようにあるのがもっともよいかというそのこと、つまりそのものにとって最高の善とは何かということ、だけなのである」といった、哲学の中心問題についての明らかな自覚にともなわれていた。

この「原因」概念の転換の核心は、「原因」や「根拠」という概念の「内在化」ということだといえる。すなわちそれは、「原因」という概念はその本質を、「ものごと」や「ことがら」それ自体の因果関係にではなく、むしろそれを捉える主体（精神）の意味づけの力にもつ、ということを意味する（彼らが「ヌゥス（精神）」という概念に反応したのはそのためだ）。

あらかじめいえば、哲学史においてこの原理がはじめて自覚的な理論として生み出されるにはヒュームまで待たなくてはならない。また、これを決定的な原理として定式化したのはヘーゲルであり、さらにその根拠を「力」という形でより深く表現したのはニーチェである。つまり、逆にいうとプラトンの発見は、近代哲学でそれが推し進められたような自覚的な原理にまで鍛えられていたわけではない。プラトンでは、この「原因」の〝内在化〟は、人間存在と対象存在との関係それ自身のうちから原理として取り出されないで、この関係全体を包むような精神原理や価値原理の根源的な存在（＝イデア）がぼんやりと想定されている。イデア説が、思想としての独特の奥深さと神秘的でプラトニックな謎めいた性格とを併せもっているのは、そのためである。

しかし、それでもわたしたちは次のことを指摘することができる。

さきに、宗教や哲学の初原の問いが、「起源」や「原因」や「根源」に対する形而上学的な問い（＝本質的に答えることのできない問い）の形をとることを見てきた。「水」、「火」、「エーテル」とか、「数」、「愛と憎」といった考えは、いわばこれに無理やり与えられた答えだったといえる。そして、ここで示されているプラトン的な視線の変換の意義は、これまでの「いったい何が世界の原因なのか」という問いのレベル自体を一段掘り下げた、という点にある。つまり、それは、「何が「原因・根拠」であるか」という直接の問いをいったんカッコに入れ、「いったい人が事物の「原因・根拠」を問うのはなぜか」、という新しい問いから、もう一度それを照らし直しているからである。

「世界は何であるか」。そもそもこの問いは、「楽しく」「よく」「深く」生きたいという人間の生への欲望それ自体から現われた問いである。人間にとって本来探究に値するのは、ものごとのありようにおいて「何が最善か」ということだけだ、というソクラテスの言葉は、哲学の問いの本質を深くつかんだ彼らの思想の核心を鮮やかに伝えている。

第二章　ソクラテスからプラトンへ

1　プラトンとその時代

プラトンは、ＢＣ四二七年五月、ギリシャ、アテナイに生まれたといわれている。この頃はどんな時代だったか。ＢＣ四三一年によく知られているペロポネソス戦争が起こる（ＢＣ四〇四年まで、約三十年間続く）。ギリシャの都市国家（ポリス）における二大都市、アテナイとスパルタとのいわば雌雄を決する戦いである。

これに遡ること六十年、ＢＣ四九二年に、やはりギリシャ史における大きな節目であるペルシャ戦役があり、アテナイを中心とするギリシャ軍勢は巨大帝国ペルシャを打ち破ることに成功している。その後、アテナイを盟主とするデロス同盟を基礎としてアテナイは最盛期を迎えるが、ギリシャ全土におけるアテナイの力が大きくなるにしたがってさまざまな矛盾が現われることになる。

もともとスパルタとアテナイには、貴族政と民主政という政治イデオロギーの違いがある。そこにアテナイの支配力に対する諸都市の不満や反感がからんで、両雄の対決という事態にまで進むことになったのだ。このときアテナイを指導していたのは傑出した民主派の政治家として知られるペリクレスであった。彼は強力なスパルタ陸軍に対抗する策として、戦争がはじまるとアテナイ全体を要塞とする籠城作戦をとる。ところが、まったく予期せぬことに疫病（コレラ）の大流行という事態が起こり、アテナイは苦境に立たされてしまう。

しかもその後、ペリクレスに代わって指導者となったクレオンやアルキビアデスなどの政治家は、衆愚政治と呼ばれる煽動的悪政を行ない、結局アテナイは劣勢を盛り返せぬまま最終的には無条件降伏のかたちでスパルタに屈する。以後アテナイは、ふたたびかつての栄光を回復できないまま衰退の道を歩むことになるのである。

ソクラテスがアテナイで生まれたのは、ＢＣ四七〇年（異説あり）、石工あるいは彫刻家の息子だったといわれる。ソクラテスの青年期はまさしくアテナイの黄金時代、つまり民主政治家ペリクレスの全盛期でもあった。

ＢＣ四三八年、アテナイ黄金時代の象徴といえるパルテノン神殿がアクロポリスに建てられる。このときアテナイ市民の数は約十万。交易、商業が大いに栄え、文化的にもギリシャ全土からさまざまな人々がおとずれ、新しい知識が流れ込んだ。そしてそういう時代の雰囲気の中で職業的教育者たち、いわゆるソフィストたちの活動が盛んになる。

ヘーゲルはこのソフィストたちの活動をそれなりに評価して、彼らがはじめてギリシャ世界に啓蒙的な教養というものをもたらした、といっている(『哲学史講義』)。アテナイにはスパルタのような厳格な公教育はない。富裕な市民や貴族たちの子弟は、それぞれ高名なソフィストたちについて世界のさまざまな知識とともにその弁論の術を学ぶ、というやり方が広く行なわれるようになった。

ソフィストたちの活動は、アテナイの市民にそれまでの生活処方、自己鍛練や日常的な徳目、また政治的判断のための心構えといった知育を超えた新しい知のかたち、いわばより洗練された知の技法を教えたのだ。ソクラテスは、そういう時代のさなかに、ソフィストたちの知的活動に対する辛辣な批判者として登場する。ソクラテスによれば、ソフィストたちの思考はその場しのぎの処世的なものにすぎず、本来知が向かうべき「真実」に対する確信をはじめから放棄したものである。彼は、ペロポネソス戦争の時期と前後して、ソフィストたちやこれに追随する知者たちを独特の方法で批判する活動を行なって、その名を知られることになる。

ソクラテスとプラトンがアテナイ民主政の衰退期に生きたことは、記憶にとどめておいていい。それは民主政とはいうものの、ペリクレスの後現われたクレオン、ニキアス、アルキビアデスといったはなはだ悪評高い政治家が民衆を操った時代だった。政治的な名誉欲のために大衆の好戦欲を巧みに煽ったり、ことを有利に運ぶための策謀や術数がはびこった。相手（あるいは大衆）をレトリックによって説得する技術としての弁論術は、そういう意味で時代の花形の流行思想だったのだ。だが、ソクラテスにとってこのような時代の雰囲気こそ、深刻な思想の閉塞状況を意味していたのである。

プラトンの来歴も見よう。プラトンの生涯を見渡す上で大きく三つのエポックを考えるといい。

① 二〇歳のときソクラテスと出会って傾倒し、ソクラテスの処刑によって政治への道を断念するまでの、いわば哲学修業時代。

② ソクラテスの死後、メガラ、キュレネ、エジプト、フェニキアなど、地中海の諸国を旅しつつソクラテス対話篇を書きつぎ、四〇過ぎにアテナイにアカデメイアを設立するまでの、本格的な哲学探究の時代。

③ シュラクサイの僭主ディオニュシオスの義弟ディオンとの政治的、哲学的交流。彼はつごう三度シケリア島（シチリア）に渡っているが、ここでプラトンは、シケリア島のシュラクサイの統治をめぐって政争に巻き込まれた。

① 修業時代

プラトンが、ソフィストたちを果敢に批判するソクラテスの姿をはじめて見出したのは、プラトン二〇歳のとき。BC四〇七年、アテナイの敗色が動かしがたくなった頃である。ソクラテスはプラトンより四三歳年上。青年プラトンはこの異貌の哲学者にまったく新しい知のかたちと人間の生き方のかたちを見出し、激しく彼に傾倒していった。

やがてペロポネソス戦争は最後の局面を迎え、ついにアテナイは敗れる。親スパルタ派の三十人が政権を握り、これまでの民主派を抑圧する恐怖政治が行なわれる（三十人独裁政権）。ちなみにこの政権の主要人物の一人であるクリティアスは、プラトンの母のいとこにあたる。やがてこの政権に対する民主派の反乱が起こって民主政が回復するが、新しい政権も期待に反して反動的な悪政を行った。この反動民主政時代の政治の頽廃が、プラトンをして政治への道から離れさせるきっかけになったと見られる。

そのような状況の中で、BC三九九年、民主派の指導者アニュトス、弁論家リュコンなどを後ろ盾として、青年メレトスによってソクラテスに対する告発がなされる。罪状は、ソクラテスは国の定める神々を認めず異説を唱えて青年に害毒を与えている、というものだ。

告発は正式に受理され裁判が始まる。『ソクラテスの弁明』はその審理の様子を描いたものだが、結局メレトスの訴えが認められて有罪判決が下る。さらに量刑の審議が行われ死刑が票決される。プラトンが政治的には最後まで民主政に与《くみ》しなかったのには、このソクラテス裁判における経緯が大きく影響している。プラトンは深刻なショックを受け、以後政治から離れて哲学の道へ踏み込むことになる（この経緯は「第七書簡」でプラトン自身によって語られている）。

② 哲学探究の時代

ソクラテスの死後、プラトンは地中海の諸国を旅し哲学を探究する道へ入る（この間、三度従軍の経験もする）。ヘラクレイトスの弟子、エペソスのクラテュロスや、メガラで哲学流派を立てていたエウクレイデスなどをたずね、ソクラテスの哲学思想を発展させることになる。ピュタゴラス派の哲学者と逢うためにイタリアへも赴いたようだ。そして初期対話篇はこの頃から執筆されていたと見られている。

こうして哲学の活動を積み重ねるうち、徐々にプラトンの名声はアテナイのみならずギリシャ全土にひろがっていった。プラトンのイデア説は、新しい哲学としてソフィストたちの思考を超え、やがてアカデメイアが設立されるやギリシャ全土から富裕家、貴族の子弟たちがこの新しい思想を身につけるべく集まってくるまでになる。

紀元前五世紀は、ギリシャの古典的宗教観が崩壊して世界観についてさまざまな諸説が並び立つ時代だった。知と真理の普遍性およびその追究可能性を説くプラトンの思想は、その実践的な政治理論と相まって、際立った独創性によって時代の要求によく応えるものとなった。

③　シュラクサイをめぐる政治関与

四〇歳のときプラトンははじめてシケリアを訪れ、僭主ディオニュシオス一世の歓待をうけるが、そこでプラトンは僭主の義弟ディオン（当時二〇歳）に多大な影響を与える。ただ、ここで彼は政治上の議論でディオニュシオス一世の不興を買い、最後には奴隷として売られそうになったというエピソードはよくしられている。そののちディオンは、この地の有力者として、一世の後を継いだ若きディオニュシオス二世にプラトン哲学の影響を与えようとする。

この事態は、ある意味でプラトン政治哲学の絶好の実験の機会だったといえるが、結局ディオンの試みはディオニュシオス二世の不信からうまくいかず、以後ディオンとディオニュシオス二世は政治的な確執の関係に入り込み、プラトンもこれに大なり小なり巻き込まれることになる。シュラクサイをめぐる事件は、プラトンの後半生を大きく性格づけるもので、その経緯は、ディオンやディオニュシオス王との間に交わしたプラトンの『書簡集』に詳しい。

さて、以後わたしたちは、ソクラテスからプラトンへ、ギリシャ文化の最も高い峰をなす二つの思考が生まれ引き継がれてゆくさまを確かめてみることにしよう。

早わかり年表

西暦	歳	
BC四二七	0	五月、アテナイにて生まれる（アイギナ島生誕説もあり）。両親とも貴族の家柄（ペロポネソス戦争がBC四三一に勃発）。
BC四一一	16	寡頭派の四百人会によるクーデター→反乱、民主政復活。
BC四〇七	20	ソクラテスに出会う（四二歳年上）。
BC四〇四	23	ペロポネソス戦争敗北に終わる。三十人独裁政権（親スパルタ）による恐怖政治。
BC三九九	28	ソクラテス処刑。→プラトン、政治の道を断念。ソクラテスの死後、地中海の諸国を旅し、哲学の見聞を深める。ア

		フリカのキュレネ、エジプト、そしてフェニキアなど。その間、コリントスの戦いなど、三度従軍したといわれている。 この頃『ソクラテスの弁明』『クリトン』『リュシス』『カルミデス』『ヒッピアス（大）、（小）』『イオン』『エウテュデモス』『プロタゴラス』『ゴルギアス』などの初期対話篇が書かれたと推定される。
BC三八七	40	はじめてシケリア島を訪れる。僭主の義弟ディオンと交流。僭主政について意見を求められ、ディオニュシオス一世の怒りを買って、奴隷として売られそうになる、という説あり。
BC三八六	41	シケリア旅行の後、アテナイに戻り、アカデメイアを設立（世界初の大学）。以後、ローマのユスティニアヌス帝が閉鎖命令（AD五二九）を出すまで、九百年間存続する。 この間『饗宴』『パイドン』『国家』『パイドロス』『パルメニデス』『テアイテトス』などの中期以降の著作が書かれたと推定される。
BC三六七	60	二度目のシケリア訪問。ディオニュシオス一世が病に倒れ、ディオニュシオス二世（二八歳）が王となったのがきっかけ。ディオンから若き王に感化を与えるべく、シケリアへ来るように依頼される。

		しかし結局うまくいかない。ディオンはアテナイへ追放される。
BC三六一	66	三度目のシケリア訪問。ディオニュシオス二世の依頼による。ここでも王とうまくゆかず。BC三六〇にアテナイへもどる。以後死去までの間に、『ソピステス』『ポリティコス』『ティマイオス』『クリティアス』『ミノス』『書簡集』などが書かれたと推定される。
BC三五七	70	ディオンのシケリア遠征（対ディオニュシオス二世）。以後も、ディオンとディオニュシオス二世との確執続く。
BC三四七	80	死去。

2　ソクラテスの裁判――「魂への配慮」

BC三九九年、ソクラテスはアテナイの青年メレトスによって告訴される。罪状は、「青年を腐敗させ、国家の認める神々を認めずに、別の新しい鬼神（ダイモーン）のたぐいを祭るがゆえに」（『ソクラテスの弁明』田中美知太郎訳、以下同様）というものだ。

メレトスはとくに知られた人物ではないが、後ろ盾となっているのが、当時の民主派の指導者アニュトス、弁論家リュコンといった大物である。アニュトスは、ペロポネソス戦争の敗戦の後できた三十人独裁政権に対抗した民主派の指導者であり、政治的には保守的で強い影響力をもち、ソクラテスの先鋭かつ熾烈な政治家批判を苦々しく思っていた。裁判官たちもアニュトス派の人間が多かったろうといわれている。

『ソクラテスの弁明』（以下『弁明』と略記）は、裁判でのソクラテスの弁論を記したものとされるが、もちろん、事実がそのまま忠実に再現されているとは思えない。ソクラテスを崇敬していたプラトンによる一つの象徴的なソクラテス像と考えられる。ただ、『弁明』では、ソクラテスの口を借りてプラトン哲学が語られているという印象はない。プラトンの内なるソクラテス像だと考えるのがまず妥当であって、じっさい、ここに新しい思想家としてのソクラテスの像が過不足なく描かれている。

さて、『弁明』に生き生きと描かれるソクラテスは、いったいどういう人物か。

伝統的なモラルや権威をまったく認めず、地位や名声をもって回りから尊敬されている人々の処世法、モラル、そして生き方を痛烈に批判し、大いに彼らの顰蹙《ひんしゅく》を買いつつ、なお自説の正しさにゆるぎない確信をもって青年たちに働きかけるのをやめない奇妙な哲学者、という像が浮かんでくる。たとえば、ソクラテスは自分自身にたいする弁護論を、いきなりこんなふうに始める。

――アテナイ人諸君、いま私を告発する人々の弁論をみなさんはお聞きになったが、この私まであやうく自分を忘れそうになるほど説得力にあふれたものだった。私はとてもあんなに大した弁論はできそうもない。というのも、私はただ真実だけを語るような語り方しか知らないからだ。だから、どうか雄弁の見せかけによって、いずれが「真実」と「正義」を語る者か間違えないように心がけてほしい。

私は人々を説得するために語るのではなくて、ただ真実と正義だけを語ろう。そういう点では、私は、これまでの弁論の術とは違った「真実」と「正義」のみを語る新しい弁論の仕方を知っているといえなくない。

また、私のことを人にいかがわしい弁論術を教えて金を取るソフィストまがいの人間だという人々もいる。だけど実際は、私の知恵は、そういうソフィストの知恵とはまったく違うものだ。私はたしかに、人々の生き方や行為についてそれを批判したりするのに必要な知恵をもっている。しかしそれは私の知恵というよりじつはむしろ、神の知恵、神の「言葉」といったほうがいいのだ――。

ここで、ソクラテスがデルフォイの神殿に行って「誰か自分よりも知恵のあるものはいないか」とたずね、よく知られた例の託宣、「ソクラテスよりも知恵のあるものはいない」という答えが下された事情について、彼自身の口から説明がなされる。

――私は世の中や人間の生の重要な問題について何も知っていないことをよく自覚していたから、この託宣には驚かされた。これはいったいどういうことだろうか。一心に考えたあげく思い当たったのはこうだ。つまり、私も人々も「善美のことがらについては、何も知らない」。だけど私は自分の無知を知っているのに対して、人々は自分たちは何でもよく知っていると思っている。まさしくその点で自分の方に知恵があるといえるのではないか。

私は、自分がさまざまな高名な人々を訪ね、論争を吹っかけてその論理的な矛盾を指摘したりすることで人々に疎まれていることはよく知っている。だけどこのことは自分の意志というより、むしろ、あの神の言葉の真偽を確かめるために、いわば「神命によって」人々への批判を行なっている、といったほうがいい。そして、この確かめによって私は、たしかに、これまで知者たちといわれていた人々、高名な政治家、詩人、神官、技能者たちのいずれも、じつは「善美のことについて」何も知らず、しかも自分では多くを知っているつもりでいることがわかったのだ。

そういう意味で私は、いわば「神によってアテナイという馬に付着させられたあぶ」みたいな存在だといえるかもしれない。この馬は素性はよい大きな馬だが、そのためかえってにぶいところがあり、しっかり目をさましているためにはあぶが必要だと神が考えたのではないだろうか。

私への告発は、私が鬼神の説やその他の異説で青年をたぶらかし腐敗させるといっている。だけど私はいおう。太陽は石で月は土でできている（つまり神でない）という主張はアナクサゴラスの説であって、告発者がいうように私の主張ではない。そもそも私は、そういった自然の何であるかというような問題にはとんと興味をもたない。また私は、ソフィストたちのように、白を黒といいくるめる弁論の術を教えて金を取るということとは無縁の人間であり、その証拠にこの通り無一文だ。

私が人々を批判するその要点はただ一事である。富を得ること、人々の評判を得ること、感覚的な快楽にふけること、立派な名をもつ人々さえ、これらのことこそ生にとって最も「善きこと」と考えている。だからまた、政治や経営にかかわるさまざまな技術、弁論術を最も「大事なこと」として尊重している。だがそれは間違っている。人間にとって最も善きこと、大事なことは、何より「魂をできるだけ善いものにすること」「自己自身の徳を高めること」以外にはありえない。私が議論によってさまざまな人々の言説を吟味し批判しようとするのは、まさしくこのことを吟味しつつ確認するためであって、それ以外の何ごとも自分の主張するところではない。
なお私は、人々が富や感覚の快楽を求めてやまないのは、死を恐れるあまりのことだといおう。しかし、死を恐れるのは恥ずべきことでないだろうか。人間の存在の最も大事な理由が「魂を善くすること」にあるかぎり、どうして死を恐れることがあるだろうか。つまり、おそらく死後の生活があるのであって、善き人はそこでもまた「魂を善くするための生活」を続けられるからだ。そこで、私は、告発者たちが死によって私を脅かし私に人々への批判をやめさせるように試みても、それは無駄だということをいっておく――。

さて、これがソクラテスの弁論の概要だ。だがこのような言辞は、どう見ても裁判で有利な弁論ではない。あえていえばこれは、自分は人々の腐敗と無知を正し、悔い改めを促すために遣わされた神の子で、だから自分は救世主なのだ、というのとほぼ等しいような主張である。

じっさいのソクラテスの弁論がほぼこのとおりのものだったとしたら、ソクラテスは、ほとんど宗教的狂信に近い信念で公然と体制批判を行なった奇矯な人物だった、ということになるだろう。自分は神から遣わされた選ばれた人間だ、したがって、人々に対する自分の批判は「真実」かつ「正義」であり、そうである以上たとえ死によって脅かされようと自分は批判を止めはしない。つまり、ここでのソクラテスの主張を要約すればそういうことになるからである。

アテナイにおける激しい政治の争いに何度も巻き込まれながら七〇歳まで生き延びてきたソクラテスが、この告発に対して、後先を考えないような殉教的な自己弁護論をじっさいに行なったとは少し考えにくい。常識的には、彼はアニュトスなど当時のアテナイの有力者たちにそうとう邪魔に思われており、告発制度をうまく利用されて政治的に排除されたという事情だったのかもしれない。

ともあれ、じっさいの事態がどうであれ、プラトンによるソクラテス像自体は非常に鮮やかである。わたしの個人的な感想では、ここに描かれたソクラテスの人物像はそうとう誇大妄想的なところもあり、自分の「無知」を逆手にとって人の無知を指摘するなどは、あまりよい趣味と思えないところもある。しかし、それでもここでソクラテスは、社会の有力者たちから憎まれ、死によって脅かされてもそれに動じず、伝統的な価値と倫理のあり方を根本から疑う新しい言葉と信念をもった異貌の哲学者として、生き生きと描かれている。

ところで、わたしたちはここで、プラトンが描いたこういうソクラテス像に対してニーチェの鋭い批判があることを思い起こそう。

彼は『悲劇の誕生』で、ギリシャ世界におけるソクラテスの登場の意味を「美的ソクラテス主義」と呼びながら、その批判の要点をつぎのようにまとめている。

まずソクラテスの「主知主義」「理論的楽天主義」について。

ニーチェによれば、ギリシャ悲劇が体現していたのは、生に内在するディオニュソス的な苦悩とそれにもかかわらず生を肯定しようとする人間の生への烈しい意志だった。だがソクラテスの登場は、ギリシャ世界にはじめて理論的な主知主義をもたらした。理論的人間としてのソクラテスは、ソフォクレスやアイスキュロスの劇に象徴される「悲劇的人間」に対立する（拙著『ニーチェ入門』を参照されたい）。

ニーチェはこういう。ソクラテスはギリシャ世界に突然現われ、「ひろい世間にも自分だけがなんにも知らないと自認する唯一の人間であることを発見した」（『悲劇の誕生』秋山英夫訳）と断言した。彼は批判的な態度でアテナイで高名な知者たちを訪ね歩き、彼らが例外なくものごとの正しい確実な見識をもたず、「本能から」自分の職業を行なっているにすぎないことを見破ったというのだが、この「本能から」という言葉が、ソクラテスの思考の真髄を知らせる。ソクラテス主義はこの言葉で、既成の一切の道徳や芸術や知識から訣別する。あらゆる人間が、ほんとうの正しい見識を欠いているのにそのことに気づかずにいる。こうして、ソクラテスは新しい主知主義をギリシャ世界にもたらした、と。

ニーチェはこのような言い方で、ソクラテスを、ちょうど近代哲学において「正しく考える仕方」を新しい哲学の基礎としておいたデカルトやカントになぞらえつつ批判する。もちろんニーチェの基準では、デカルトやカントも悪しき近代的主知主義者なのである。ニーチェはいう。「ソクラテスは理論的楽天主義者の原像である。理論的楽天主義者とは、事物の本性を究明できるという上述の信念から、知識と認識に万能薬の力をみとめ、誤謬こそ悪そのものであると解する人間のことである」(同右)。

つぎに、ソクラテスにおける「死の克服の思想」について。

ニーチェはまたこう書いている。「死にゆくソクラテスは、高貴なギリシャの青年たちにとって、ほかには絶対見られなかった新しい理想となった。なかでも、典型的なギリシャ青年プラトンは、夢想家特有のはげしい傾倒のすべてをささげて、この理想像のまえにぬかずいたのである」(同右)。

プラトンが、泰然として死を恐れぬ人間としてソクラテスを描いたことは何を意味するか。このことによってソクラテスは、現世における生以上に重要なもの、たとえ生命を捨てても守るべき価値ある存在あるいは目的がどこかに存在する、という思想の創始者となったのだ。ニーチェにいわせると、この現世軽視の思想こそ、まずキリスト教に受け継がれ、やがて一九世紀にいたって顕在化することになるヨーロッパ的デカダンのはじめの兆候にほかならない。

さらに「真理と美の結合」の思想について。

ニーチェは、エウリピデスの戯曲をギリシャ演劇にもたらされた一つの新しい傾向だったといい、その特質を「美的ソクラテス主義」と呼ぶ。そしてこう書く。「その最高原則は、おおよそつぎのようなものだ。「美であるためには、すべてが理知的でなくてはならない」と。これはソクラテスの原則「知者だけが有徳である」の平行命題なのである」(同右)。

ニーチェにとっては、美と真理はまったく対極の本質をもつ。つまり、真理はデカダンとニヒリズムを本質とし、美はむしろ逆に生へのはげしい意欲をその本質とする。ニーチェにつぎのようなよく知られた言葉がある。「「善と美とは一つである」と主張するのは、哲学者の品位にふさわしからざることである。さらにそのうえ「真もまた」とつけくわえるのなら、その哲学者を殴りとばすべきである」(『権力への意志』原佑訳)。

ニーチェによると、ソクラテスは、恐るべき確信をもって、哲学が探究し検証すべき根本のテーマは「人は何のために生きるか」以外にないと説いたはじめての人物だった。「善」のために、「魂への配慮」のために、というのが彼の用意した答えだったが、これこそ、ソクラテスという「魂における怪物」(『偶像の黄昏』)がギリシャ世界に持ち込んだ、

「底意地の悪い」破壊的な思考の改革であった、と。

小説『不滅』の中でミラン・クンデラは、ドストエフスキーの登場人物には「魂の苦しみ」に対する異様な過大評価がある、といっている。『白痴』におけるムイシュキンの中で、ナスターシャの魂の苦しみは「絶えず成長しつづけ、六階建ての家の高さほどもある巨大なマッシュルームの如きもの」になる。「これぞ私が魂の異常発達と称するものである」、と。文豪ドストエフスキーをこんなふうに揶揄するとき、クンデラは一個のニーチェアンとして語っている。

ニーチェはまさしく、ソクラテスの思考のうちに「魂」に対する異常な過大視を見ている。彼によればそれは一つの「顚倒」にまで達している。だがなぜだろうか。ニーチェの言い分を少し補ってみよう。

「魂を善くすること」「たえず自己自身の徳を気づかうこと」、これこそ人間の生活の究極の目標でなくてはならない。ソクラテスはそう主張した。ニーチェはこれに対してつぎのようにいう。たしかに人間は、生活の中で「徳」や「善」というものをまったく欠くならたちまち意気阻喪し、生への意欲を失うような存在だ。というのは、もしそうなったら、力あるものが勝利するという力の論理だけが一切を覆うからだ。だがそうであるからといって、「徳」や「善」こそ人間の生の究極の目標であるということは決してできない。前者から後者を導くことは思考における〝反動〟であり、〝顚倒〟なのである。

ニーチェによれば、人間は根本的には「エロス」や「陶酔」や「美的なもの」、「超越的なもの」をめがけて生きている。「美」「エロス」「陶酔」、これらへ向かおうとする「力」の感覚こそ、生の本質にほかならない。しかし、個々の生がそのような欲望の本質をもつ以上、生への意志どうしのせめぎあいが必ず生じる。そしてこの矛盾を調整するために、人間社会は「徳」や「善」を不可欠なものとして生み出したのだ。つまり、「徳」や「善」は人間の本質的な生への欲求からくる確執を調停するための一手段であって、それ自身が生の本質なのではない、と。

このようなニーチェの言い分はそれ自体としては、大変説得力がある。後にまたこの問題をくわしく検討するが、このようなニーチェの批判がほんとうにソクラテス＝プラトンに妥当するかどうか、よく記憶にとどめておく必要がある。

3　ソフィストと詭弁論——『エウテュデモス』その他

さて、いよいよ初期対話篇を具体的に吟味したいが、以下に『プラトン全集』（岩波版）の巻末の区分に従って主な著作の全体像を記しておこう。

★初期対話篇（ほぼ三十歳代）
『エウテュプロン』『テアゲス』『ソクラテスの弁明』『クリトン』
『カルミデス』『ラケス』『リュシス』『エウテュデモス』
『プロタゴラス』『イオン』『メネクセノス』『クラテュロス』
『ヒッピアス（大）』『ヒッピアス（小）』『ゴルギアス』『メノン』
★中期対話篇（ほぼ四十歳〜五十歳代）
『饗宴』
『パイドン』（前期説あり――田中美知太郎説）
『国家』
『パイドロス』
★後期対話篇（五十歳代半ば以降）
『パルメニデス』『テアイテトス』（中期説あり――田中美知太郎説）
『ソピステス』『ポリティコス（政治家）』
『ティマイオス』『クリティアス』『ピレボス』『ミノス（法律）』
『エピノミス（法律後篇）』（偽作の可能性大）

ソクラテスの裁判とその後を描いた『ソクラテスの弁明』と『クリトン』は、中期の『パイドン』とともにソクラテスの死をめぐる三部作とされ、ソクラテスの人物と思想を最も生き生きと描き出したものとして知られている。この三部作では、ニーチェが指摘した「善」と「徳」の絶対視という傾向が明瞭に見られるが、しかし他の初期対話篇ではかなり印象が違っている。ここでは、プラトン思想の中心的モチーフが重複しつつ繰り返し現われるが、その柱を大きく整理するとつぎのようになる。

① ソフィストたちの弁論の詭弁性を明らかにすること。
② 事物の「本質」(=真理)を取り出すための正しい思考方法を示すこと。
③ 「思慮深さ」とは何か、「勇気」とは、「徳」とは、といった形での「問答法」の提示。

ちなみに、主な初期対話篇の中心主題も記しておこう。『エウテュプロン』(敬虔について)、『テアゲス』(知恵について)、『カルミデス』(思慮深さについて)、『ラケス』(勇気について)、『リュシス』(友愛について)、『プロタゴラス』(快苦と善悪について)、『クラテュロス』(名前〔名辞〕について)、『ヒッピアス(大)』(美について)、『ゴルギアス』(徳について)……。

初期対話篇で特徴的なのは、これらの諸テーマの追究を通してとくに①と②のモチーフが強く押し出されている点だ。

ギリシャ哲学の思考は、ミレトス学派の自然原理の探究からはじまって、アナクサゴラスやエンペドクレスにおける「自然因」と「動因」の二本立てによる原理の説明にまで進んできた。ところが、ここまできてギリシャに新しいタイプの思想が登場する。ソフィストたちである。彼らの見解では、言葉とは、その「正しい」使用によって世界の「真理」を言い当てるためのものというより、むしろこれを「巧みに」使用したり「美しく」使用したりすることで、人間を動かしたり説得したりするような力である。ソフィストたちは言葉のそのような側面を発見することで、ギリシャに新しい「知」と「教養」のありかたをもちこんだ。彼らは哲学の概念的思考が生み出した論理的パラドクスに着目し、そこにこれまで気づかれなかった言語の性格を見出した。そしてこれを言語使用の新しい技法として鍛えたのである。

だがこの発見は、哲学の本質的な思考に対して破壊的な意味をもっていた。いかに説得するかという術は、いわば言葉の〝何とでもいえる〟という側面を最大限に利用すること

である。

は〝こうとしかいえない〟という論理の普遍化の道を探して進むような方法だったからで

を意味する。これに対して、哲学とはもともと、いわば、誰がやってもこの問題について

つまり、ソフィストたちの言語使用の方法は、その性格上、言葉を「巧みに」使用したり「美しく」使用することを越えて、「黒を白といいくるめる」ような技術へと変質していった。こうして、言語の徹底的な相対性ということが意識されることによって、「普遍性」や「ほんとう」という概念が危機に陥った。さらに大事な点は、そのことによって、人間生活の中での「正義」や「真実」や「徳」といった諸価値自体が疑問視されるにいたる、ということだ。生活から現われるシニシズムが、言語の相対性の自覚という事態によって思想的な表現をとるのである。

ソクラテス＝プラトンの思想のモチーフは、こういう事態に歯止めをかけ、言葉と諸価値への信頼をもういちど立て直そうとする点にあった。ソフィストたちに対する彼らの思想的たたかいはそれをよく表わしている。

たとえば、『エウテュデモス』という対話篇はソフィストたちの詭弁的論法の見本集のような趣があって、①のモチーフをよく象徴している。

ここに登場するのは、エウテュデモスとディオニュソドロスという二人のソフィスト（兄弟）。彼らは、自分たちは誰にもまして「徳」を美しくかつ速やかに人々に授けることができると自認するのだが、この場合の「徳」はプラトン的な「徳」を意味していない。それは、一般的に人間に役立つものという意味での「徳」であり、具体的にはどんなことでも自分に都合のいいようにいいくるめてしまう言論の技術を指している。

彼らは、まず年若い青年クレイニアスを相手にさまざまな問答を吹きかけて、議論を手玉にとってみせる。たとえばはじめの問いは、「学ぶ人間は、知者かそれとも無知者か」というものだ。そして彼らは、クレイニアスがどちらを答えても間違った答えとして論駁されることを示し、回りで聞いている観衆たちを驚かせる。その弁論は以下のようだ。

答え1「学ぶ者は知者である」→「間違い」

論証1「学ぶ者は、その学ぶものをまだ知っていないから学ぶ。従って彼は無知者である」

答え2「学ぶ者は無知者である」→「間違い」

論証2「読み書きの教師が語り聞かせて教えるとき、それをよく学ぶのは子供らのうち知者か無知者か。→知者だというほかない」

これはほんの序の口で、たとえば、「人間は嘘をつくことができない」という議論がある（これはもともとクラテュロスの説として知られたものだ）。

論証「人が何かについて語る場合、それは何か有る（存在する）ものについて語っているので、まったく存在しないものについては何ごともいうことはできない。つまり、人が何か有るものについて語っている以上、それを嘘だということはできない」

さらにここから、「誰も間違ったことをいうことも考えることもできず、従って、愚かな人間というものはいない」という説が出てくる。

論証「何かをいうことは、必ず何か有る（存在する）ものについていうことだ。だから、人間は何かほんとうのことをいうか、それとももものをいわないかのどちらかである。つまり、人間は間違ったことをいうことも思うこともできない。従って、愚かな者はいない」

もっと極端なのは、「誰でも一つでも知っていれば、すべてのものを知っている」という説だ。

論証「人は知者であると同時に無知者であることはできない。だから人は何か一つでも知っていれば知者であり、知者である以上はすべてを知っているのである」

これらはいわゆる三段論法を使って作られる典型的な詭弁の一例だが、二人は他にも、これを用いた奇妙な詭弁を多く披露する。たとえば、クレイニアスの父カレイデモスについて、「カレイデモスはソプロニコスではない。ソプロニコスは父である。従って、カレイデモスは父ではない」。あるいはまた、「魂をもつものは生き物だ。神もまた生き物だ。君は生き物を所有したり支配したりできる。したがって、君は神をも所有したり支配したりできる」等々。

興味深いのは、回りでやりとりを聞いている聴衆たちが、ソフィストのこのような珍妙な詭弁を聞くたびに大いに喜んで彼らに喝采を送り、その弁論術を価値あるもののように迎えることだ。

たとえばモンテーニュがこういっている。「ハムは飲みたくさせる。飲めば渇きが癒される。故にハムは渇きを癒す」。さて、君の子がこんなことをいいだしたら、相手にしないのがいちばんよいやり方だ、と（『エセー』）。哲学を好む若者がこういう言葉の魔力に魅せられて、パラドクスやレトリックの海を泳ぐことに熱中するのはいつの時代も変わらない。しかし、ソクラテスはつねに冷静にこの詭弁論に対処し、二人の傲慢なソフィストをさまざまに試した挙げ句、最後にやんわりとつぎのような言い方で彼らをたしなめる。

――エウテュデモスにディオニュソドロス。君たちの言論でとくに立派なのは、君たちがひとかどの人物と思われる人間たちを少しも相手にせず、ごく少数の自分たちの仲間うちだけを相手にしているという点だ。というのも他のたいていの人々は、そのような言論で反駁されるのをいやがるだろうから。

それにまた、君たちの言論は非常に大衆向きでもある。それらは、たとえば何ものも美しくも、善くも、白くも、またその他諸々のものでないと主張して、手もなく人々の口を封じるわけだが、同時にまた君たち自身の口も封じることになる。そんなふうにこの議論はとても愛嬌があって、難解な哲学議論から面倒なものをのぞいてくれるという利点がある。しかも、もっと肝心なのは、この術が誰でもごく短時間で学ぶことができるということだ。

だから、一つだけ君たちに忠告すると、その術はできるだけごく仲間うちの人間だけで使っているのがいい。そうでないとすぐに誰でもがそういう論法を使うことになって、君たちの貴重な弁論術の価値が下落してしまうからだ——。

さて、このようなソフィストたちの詭弁の術は、パルメニデス、クラテュロス、プロタゴラス、ゴルギアスといった哲学者の思弁から取られてアレンジされたものである。これらの哲学者たちの思弁自体は、存在問題に関する真面目な思弁に属していた。だが、いわば彼らの亜流(エピゴーネン)である多くのソフィストたちによって、この思弁は、「いわれることが偽であろうと真であろうと、それにはお構いなく、いわれる度にそれを反駁することにかけても、恐るべきものとなって」おり(ソクラテス)、そのような説得や論駁のための単なる論争術へと姿を変えているのである。

しかし、じつはこういう詭弁論の登場は必ずしもギリシャに固有のものではなく、論理的な世界説明が発達するところでは普遍的な現象である。少し例を挙げよう。

中国の諸子百家の詭弁論者、公孫龍《こうそんりゅう》の詭弁で「指物論」というのがある。「これが指だ」というとほかの指は指でなくなる。だからある指をさしてこれは指だといってはいけない。また「白馬論」という詭弁論はこういう。白い馬を指してこれは馬だというと他の馬は馬でなくなる。

詭弁論とは少しちがうが、『荘子』にもこういうのがある。世界を言葉でいいあらわそうとすると、まず、世界は「一である」という事実と「一である」という言葉とで「二」になり、またもとの未分化の「一」と合わせて「三」になる。このように、世界を言葉で表現しようとすると、世界は無限の多となり、たちまち収拾のつかぬことになる、と。これは、「「真宰」（根本原因）は不可捉、不可言である」、つまり、世界は言葉では表現しつくせないという老荘思想の基本性格をよく伝えるものだ。

この世界の無限分割の話は、言葉と世界の実在を徹底的に拒否する中観派の説にもほとんど同じものがある。また、初期仏教哲学では、世界の永遠と同一を説く実在説（常住説）と、一切が仮象である（空性）という説、世界をあるというのもないというのも不可

（中道説）とする三つの説がつねに競合した（中道説はギリシャにはあまり見られない）。中道説は、たとえばこんなふうだ。「存在と非存在という二つの見解が起こる余地のあるかぎり、輪廻が尽きることはないと知って、解脱を求める賢者は、この二つの見解を除いて、如実に中道を修得すべきである」（『明らかなことば』長尾雅人訳、チャンドラキールティのナーガールジュナ中論注釈）。

ともあれ重要なのは、このような詭弁論の流行は、洋の東西を問わず、概念による世界説明の複雑化が高じるところに必ず現われる言語の相対論や懐疑論と一体のものだということであり、さらにそれは、ゼノンのパラドクスで見た論理や概念の実体的使用にその根拠をもつということである。

ゼノン的パラドクスは、一方で、言語を何とでも使用するという相対主義に振れ、そこから必ず詭弁論的戯れを生み落とす。もう一方でそれは、言語それ自身への不信から言語による世界の表現不可能説へ流れ、さらにそれは、真理は決して言葉で表現されえないという「真理不可言説」を生み出すのである。

しかしヘーゲルがはっきり洞察していたように、「真理」とは、ものごとの何であるかを言語によって表現していくという経験のプロセスとしてはじめて現われうるものだ。つまり、「真理は決して言葉で表現されえない」や、その逆に「言葉でいわれたものは真理ではありえない」という考え方は、まず例外なく「真理」という概念の素朴な〝実体化〟に由来するのである。

ともあれ、このような言語の相対化や詭弁論という現象には、言葉の使用についての深刻な顛倒がひそんでいる、というのがソクラテスやプラトンの直観だった。そのため彼らは、言葉の使用の〝正しい〟方法を再建しようとしたのである。

そこから、ニーチェのいう「主知主義」的傾向が色濃く現われてくることになる。しかし、わたしの考えでは、ソクラテス＝プラトンのそれを、中世哲学以降の、体系の権威と絶対性を守るための「真理主義」や「厳密認識主義」と同じものと見るわけにはいかない。彼らはソフィストにおける論理使用の乱用に反対したが、それを正すのに、たとえばアリストテレスが試みたように、「正しい」論理使用のための厳密なルールを設定するという方法をとらなかった。むしろ、プラトンが提示したのは、「イデア」というある意味で奇妙な説だった。これは、「正しい」論理使用の法則といったものではなく、やがて見るように、言語が普遍性を保ちうるその「思想原理」を示すような一つの〝アイデア〟（観念）なのである。

現在のわたしたちは、すでに中世の絶対的キリスト教や、近代の哲学的真理主義、科学的認識客観主義、そして政治的な絶対的正義主義を知っている。だから、その視覚の物差しで、ソクラテス＝プラトンの思想にそれに似たものを見出し、これがその発端なのだと考えたくなる。しかしそのような批判はあくまで〝事後的な〟批判にすぎない。彼らの思想が示しているそのモチーフを、あくまで彼らの時代の生のリアリティの秤りにかけて考えてみなくてはいけない。このことは何らかの思想を批評し評価するときの基本原則なのである。

彼らの思想は、いま見たような意味での真理主義や客観主義ではない。まずわたしたちは、『クラテュロス』『プロタゴラス』『ゴルギアス』といった初期対話篇を検討してみることにしよう。

4 初原の言語学——『クラテュロス』

アリストテレスによると、プラトンは若い頃クラテュロスの弟子だったことがあり、そのヘラクレイトス的見解に親しんだことがあるという（『形而上学』）。「闇の人」と呼ばれたヘラクレイトスの中心の主張は「万物流転」である。「人は二度と同じ河に入れない」という言い方はよく知られている。もう少し詳しくいうと、「同じ河にわれわれは入っていくのであり、入っていかないのでもある。存在するのでもあり、存在しないのでもある」。水が絶えず流れて二度目に人が入るときはもはや同じ河ではないように、存在というものは常に生成変化している。同一の存在、不変で不動な存在というものは厳密にいえばどこにもありえないので、絶えざる生々流転こそ存在の真の相である。これがヘラクレイトスの主張だ。

この主張は、存在は何ものからも生じることはできず、また存在の消滅ということもない、と説いたパルメニデスの説の対極にある。

パルメニデスの考えは「合理主義的」思考のはじめといわれる。合理主義といってもいわゆる近代の合理主義とは少し違う。

人間の感覚はつねに変転するもので何ら確実なものを捉えることはできない。だから存在の本質を捉えるには感覚に頼らず厳密な論理の使用によって事態の本質に近づかなくてはならない。この、感覚ではなく論理の整合的使用にのみ認識の基礎をおく考え方が、ギリシャ哲学でいう「合理主義」である。

われわれの見る世界の万象は、絶えず変化しているように見える。しかし、論理的には、すでに存在するものは、どれだけこれを細かく分割しても消滅することはない。つまり、有から無に転じることはない。逆も同じで、無から有はけっして生じない。こうしてパルメニデスは、存在についての抽象的思弁によって、感覚が示す多様な変化の相の背後に、世界の、永遠で不変不動な「一」としての存在を想定した。

ヘラクレイトスはこれと逆に考えていることになる。ヘラクレイトスは感覚の絶えざる相対性を強く自覚した哲学者だった。「海は最も清らかな水であるとともに、最も汚い水である」。「上り道も下り道も一つの同じものだ」。「病気は健康を、飢餓は飽食を、疲労は休息を快いもの、善きものにする」……。ヘラクレイトスは世界の相対性だけを主張したわけではないが、パルメニデスとの対照でこの側面が取り上げられることが多い。

さて、クラテュロスはヘラクレイトスの弟子で、このような感覚の相対主義をもっと論理的に引き延ばそうとした人物だ。たとえば、先の「同じ河に二度と入れない」という言葉を受けて、彼はさらに「人は同じ河に一度だって入れない」といった。あるいはまた、「人はそもそも嘘（虚偽）をいうことができない」というのもある。

こういうパラドクシカルな論理は、もともとはパルメニデスやヘラクレイトスなどの存在についての思考から出ているが、ここでは概念の逸脱した使用によってパラドクスを無理やり作り出すようなものになっている。このような言語の相対主義的使用法を批判することにプラトン初期対話篇の大きなモチーフがあるが、なかでもこの『クラテュロス』は、「名」とは何かということを中心テーマとしており、プラトンの本格的な言語論といえる対話篇だ。

まず、若者ヘルモゲネスがソクラテスにこう訴える。――ソクラテスよ、このクラテュロスときたら、名前というものは「本来本性的に定まって」おり、どんなものにもそれにふさわしい「正しい」名前というものがあるという。だけど私は、名前とは「取り決め」にすぎず、それぞれの事物に本来あるべき名前があるなどとは思えない。これについてあなたの考えをきかせてほしい――。

ヘルモゲネスの考えは現代の知見では、ソシュールの言語の恣意性（シニフィアンとシニフィエのつながりの恣意性）という考え方と重なることになる。しかし、ここではその意見は、まだ見かけにとらわれた素朴な見方として扱われている。

ソクラテスはこういう。――事物の名前はその事物の本性（本質）と関係なくたまたまの取り決めで存在するという君の考えは、ちょうどしばしば話題になっているプロタゴラスの、「万物のありよう（本質）は、各人にとってたまたまそう見えるようにある」という説と関係がある気がするね。そこで、この問題も含めて、名前の本質が何であるか考えてみようではないか――。

ここから先のソクラテスの弁証はなかなか複雑で機微に富んでおり、言語論に興味のある向きにはぜひ『クラテュロス』全編を読むことをすすめたいが、大きな結び目としてはつぎのようになる。

——名前をつけるということが一つの作用（技術）である以上、そこにはよい仕方と悪い仕方があるはずだ。そしてよい仕方とは、名をつけることによってそれぞれの事物がその「性状」によってふさわしく区別されるということである。だから差しあたりいえば、名前はたまたまの取り決めと考えるより、クラテュロスのいうように「本来本性的に定まっている」と考えるのがやはり正しいと私は思う——。

こうしてソクラテスはいったん名前の「本性説」を説く。つぎに彼は、では、事物がその「性状」によってふさわしく区別されるとは具体的にはどういうことかを検証しよう、という。そしてここからソクラテスは、〝名前（名辞）についてのアルケオロジー（あるいは系譜学）〟ともいうべき壮大な議論を展開する。

——たとえば、父アガメムノンを殺されたため、母とその情夫を殺して復讐を遂げたオレステスの名は、「山の男」という意味をもつ。命名者は彼の本性が野獣的、野性的であることをこれによって示そうとしている。またアガメムノンとは、留まること（epimone）において称賛すべき（agastos）という意味であり、それは彼がトロイアに長期間大軍を留めて粘り強く戦ったことを表現しようとしているのだ。

人の名前だけではない。そも「神々」（テオイ theoi）という名は、神々の観念がもと太陽、月、星々、天などを崇めることから生じ、人々はそれらをつねに駆け足で走っていく（thein）ものと捉えたために与えられたものだ。ダイモン（神霊）とか英雄なども同様である。「人間」（antropos）という言葉もそうで、これは見る（opope）だけでなく、見たものを観察し（anathrei）考量するという人間の本性をよく示している――。

こういった語源学が延々と続く。それはさまざまな神々の名から自然の基本的構成要素である太陽、アイテール、空気、火、水などにおよび、さらに、思慮、理解、正義などの徳性を表現する名、また苦痛、悲しみ、痛み、悩みなど人間の感情を表わす言葉にまで至る。このような精緻なプロセスを経て、ソクラテスの考察はまず第一の結論にいきつくのだが、それを整理するとこうなる。

① 事物の「名」は決して適当につけられたもの、単なる取り決めとはいえず、その起源をたどってみるとやはりそれぞれの事物の性状を表現していることが明らかになる。
② それは諸要素の名の〝組み合わせ〟によって作られていることが多い。
③ すると或る名は、それに先行する名から出来ていることになるから、これを遡行していくと、最も起源的な名の要素にぶつかるはずだ。
④ この最も起源的な名について考察すると、事物が人間の「身体」にとってもつ性状

を表現していることがわかる。そしてこの初原の起源的な要素名として、「流動」「行く」「止まる」などを取りだすことができる。

⑤ しかし、この最も起源的な名のさらにその由来については、われわれはどう考えればいいだろうか。想定されうる考え方は、おそらく二つしかない。第一は、神がはじめに最も起源的なものの名を命名したということ。第二は、われわれの神よりさらに古い先行民族が残した言葉がその由来だと考えること。

⑥ ここまで考えて、しかし、この二つの仮説は結局検証不可能な「物語」でしかありえないことがわかる。

⑦ あえて最後に残る可能性がもう一つだけある。それは、音韻による性状の類似説である。たとえば、i（イオータ）は細かなものを、ph（ペイ）や ps（プセイ）は強い息吹を、a（アルパ）は大きいもの、o（オウ）は丸いもの、といった具合に。これなら、神や原初の民族という想定を必要としないのではないだろうか。

さて、この壮大な考察の進みゆき自体が非常に興味深いものだが、いまそれはとりあえず置く。対話篇はここから最も重要な展開を見せるからだ。ここで対話の相手が、ヘルモゲネスからソフィスト、クラテュロスその人に代わる。そして、これまでの考察を前提として、例のよく知られたパラドクス、「人は決して嘘（虚偽）をつくことができない」という説が検討されることになる。

――クラテュロスよ、君は名がすべて正しくつけられていることを認めた。では、名がそのように呼ばれないときには、それは虚偽であるといえないかね――。クラテュロスは答える。――そのようなとき、その人は名をいったのではなく、ただ単に音を立てているだけ、無益に舌を振動させているにすぎない、と私は考える――。

クラテュロスは、さきほど検証された、名が事物と絶対的（＝必然的）結びつきをもつという説を踏まえ、自分もまさしくこの立場に立つが、したがってあるものが違う名で呼ばれた場合、もうそれはその事物を呼んでいるのではなく、ただ虚しく音を立てているだけだと考える、と、そういうのである。

ソクラテスの反論はつぎのようだ。

君の言い方は、名が事物の性状の「再現」であるという暗々裏の考えから来ている。だけど名は性状の「再現」それ自体ではなく、ただそのシンボル的な類似性を「表示」するものであって、そのことがわかれば君の言い分は成り立たないはずだ、と。

クラテュロスはここで一応ソクラテスに納得する。が、しかしここからもう一つドラマがある。さきほどまでソクラテスは、事物の名の起源はその事物の本質と何らかの形で類似した音にある、という仮説を説いていたのだが、ここで突然つぎのような例をいくつか挙げて、この説に疑問を投げかける。たとえば——、

——クラテュロスよ、さっきわれわれは、r（ロー）が運動と硬さに類似し、l（ラブダ）はつるつるしたもの、柔らかなものに類似しているといっていた。だけどじつはアテナイ人は硬さをsklerotesと呼ぶが、エトルリア人はskleroterと呼んでいる。「硬さ」の名の中にlもrも入っているのはどういうことだろうか——。

クラテュロスは思わず、それはほんとうは間違いだが、ただ「慣用」でその名が使われているのだ、といってしまう。もちろん「慣用」とは「取り決め」と同じであり、こうしてソクラテスは、それまで壮大な規模で展開されてきた言語本性説を、一挙に相対化してしまうのである。

いったいこの議論はどこに行きつくのかと思ううち、プラトンは、つぎのようなソクラテスの言葉でこのスリルに満ちた対話篇を締めくくる。

——われわれは仮に、さまざまな名は、その命名者によって性状や本質と類似したものとして名づけられたと考えることにしよう。しかしすると、最初に名づけられた名は、事物はこのようなものだという彼の信念を表現していることになる。だけどこの命名者がもし間違っていたら、その後の人たちは皆その間違いを受け継いでいることになるだろう。

われわれはさまざまな名を調べて、確かにそれが事物の性状の起源を表現しているらしいことを見てきた。しかしまた同時に、それが「万有は生々流転する」という独自の存在観をその信念的基礎としていることにも気づく。だが何より肝心なのは、この起源的な命名者たちの存在観が正しいということを、どうやって証明できるかである。ひょっとするとこの命名者たちの存在観自身が、すでに共有された素朴な存在観でないと、どうしていいきることができようか。

だから、人はじつは名や名の起源を通して何かの本質を学ぶことは不可能だということになる。最も始源の命名者にはどんな名もなかったのだから、彼は名からその事物の本質を知ったのではないのだ。したがって、人は名それ自体から事物の本質を学ぶことはできず、むしろ事物それ自身からその本質を学ぼうとするのが適切なのである——。

こうして、ソクラテスによれば、人は以下のようなことにかまけて哲学の本来を忘却すべきでないのである。

……すなわち、自分と自分の魂とを世話〔教育〕することを名前に委ねてしまい、それら〔名前〕とそれらを定めた者たちを信頼しきって、自分が何ごとかいっぱしのことを知っているかのように自信たっぷりに主張すること、そして自分自身をも〔すべての〕

有るものをも断罪して、何もののいかなる点も健康〔健全〕ではなくて、すべて〔パンタ〕が泥〔陶土〕のように流れつつある〔レイ〕と責めること、そしてまるでもう何のことはない、〔略〕万物が流出物とカタルで悩まされているのだと思うこと――。〔水地宗明訳〕

『クラテュロス』の表向きのテーマは、現代言語学にそのまま通じるような言語の本質論だ。プラトンは、ここでじつに精妙な語源学を展開して言語本性論を論じる。しかし最後にきて彼は、その急所の一点をつくかたちでこれを一挙に相対化する。この言語論自体大変読みごたえのあるものだが、しかしプラトンの思想の核心はこの言語本性論にはなく、別の場所に鮮やかに定位される。

ヘラクレイトスもパルメニデスもよく思考しなかったわけではない。しかし彼らは一つの重要なことに気づかなかった。人々は多く、言語の本質を考えたり、その語源学や系譜学やまた論理学に熱中したりしている。しかし、大事なのは、そのことの中には哲学の本質的問題は存在しないということだ。何が最も深く考え詰められるべき問題なのか。思考がそこから逸れるとき、つねに言語や論理についての大騒ぎの議論が始まるのだ、と。

『クラテュロス』は初期対話篇の中でも、ソクラテス＝プラトンの言語思想の奥深さをよく表現した秀作だ。ここには、さまざまな問題を考え尽くして簡明な一思想にいたる、という優れた思索家に特有の感度がある。一見、鋭く対立する思想家ニーチェのつぎのような言葉がこの上ない注釈となっているところがじつに興味深い。

> ……次のような思想が再三再四私に起こり、そしてますます多彩な色どりで輝くのはなぜだろうか？――すなわち、以前は学者が事物の起源に向かう途上で、いつも、すべての行為と判断にとって測りがたいほどの意義があるものを見つけたと思ったこと。そればかりか、人間の救済は事物の起源への洞察に依存するに違いない、と人々がたえず前提したということ。われわれは現在これに反して、起源を追えば追うだけ、それだけ一層、われわれの関心は少なくなるということ。（略）起源への洞察とともに起源の無意義性が増加する……。（『曙光』茅野良男訳）

5　哲学批判について――『ゴルギアス』

プロタゴラスとゴルギアスは、プロディコス、ヒッピアスなどとともに、いわゆるソフィストを代表する哲学者である。

プロタゴラスには「万物の尺度は人間である」という有名な言葉がある。またディオゲネス・ラエルティウスによれば、彼は「それぞれのことがらについて、互いに相反する二つの言論がある、といった最初の人」である。プロタゴラスの思想の核は、事物は人間の知覚や判断を通してのみ現われ、またその知覚や判断は、状況によっても人間によっても一様でありえない、という点にある。つまり、現象は観点によって規定されるという事態を鋭く自覚していたのである。

ゴルギアスの基本テーゼは「何ものもあらぬ」ということになる。これはパルメニデスの「同一存在」の考えに対するアンチテーゼでもある。彼はその著作で、次の三つのことを証明しようとした。①何ものも存在しない。②存在するとしても人間には把握できない。③仮に把握されたとしても伝達不可能である。

これらについての証明はきわめてレトリカルなものなのでここでは紹介しないが、大きくいえば、「言語は本性的に存在自体を把握できない」という直観がその抽象的論証の基礎をなしている。現代思想でいえば、記号論的な反＝真理主義（たとえば、J・デリダや、懐疑論的に解釈されたヴィトゲンシュタイン説）とその本質を同じくしている。つまり、一方で観点の相対性を自覚し、もう一方で言語における事物自体の表象不可能性を発見することが、彼の説の要である。またこれは、ソフィストたちによってもちこまれた言葉と世界認識の関係についての新しい観点をよく象徴している。

さて、『プロタゴラス』では、この人物の弁舌と議論の格の大きさがうかがい知れる箇所がある。

たとえば、まずソクラテスが徳は教えうるものだというソフィスト的主張に疑義を呈してこういう。議会などでは人はどんな職業をもつものでも平等に発言の機会を許される。それは社会の一員としての徳性が、酒造りとか鍛冶屋とかいった専門技術とは違って教えない性格をもつことの証拠でないか、と。これに対してプロタゴラスは、論理でも物語の仕方でもどちらでも諸君の好きなほうで答えようといい、人々の要求に応じて、神々が動物たちの種族を創成したときの神話（ミュートス）の形で、あざやかにこれに答える。

――昔むかし、神々が生き物たちの種族を作るとき、プロメテウスとエピメテウスに命じて、それぞれの種に生き延びるための武器や能力を分かち与えた。しかしエピメテウスはすべての能力を動物たちに分け与えてしまって、人間には何も残らないという状態になった。そこで、プロメテウスがゼウスの城から技術的な知恵を火とともに盗み出し、これを人間に与えた。

人間は火ともろもろの技術を使いこなしたが、それでもまだ力が弱く他の強い獣たちに脅かされていた。これを見たゼウスはヘルメスを遣わして、人間に〈つつしみ〉と〈いましめ〉という二つの徳を与えることにした。この二つが友愛の絆を強める役割を果たし、国家の秩序を整え、ようやく人間は他の動物たちにまさる力を得るようになったのだが、そのときヘルメスはゼウスに、この徳を、医術などのように誰か一人に与えて大勢のために供させるべきか、それともすべての人に少しずつ分配するのがいいかと聞いた。ゼウスはすべての人にこの徳を分配するようにと答えた。

さて、ソクラテスよ、国家や社会の問題については人々が誰であれ意見を述べてよいと見なされているのはこういう次第なのだ。この徳性は、じつは人が子供のうちから、家庭や友人の関係の中で知らず知らず教えられているものだ。そしてまたペリクレスの息子が必ずしもペリクレスのような立派な人物とならないのは、優れた笛吹きの子が必ずしも優れた笛吹きにならず、優れた詩人の子が必ずしもそうならないことを考えれば、何の不思議もない。そうだからといって、徳を教えられないものと考える必要はないのである――。

ところでしかし、この後のプロタゴラスは、ほとんど一方的にソクラテスにやっつけられていて、ソフィストとしての彼の主要な説は展開されていない。『プロタゴラス』一篇の中心テーマは「善悪」と「快苦」についての弁証だが、これは初期対話篇の基本テーマでもある。しかし、このテーマについては『ゴルギアス』でより本質的な議論が行なわれているので、これを見ることにしよう。

ゴルギアスによれば、弁論術はあらゆることについての説得を生み出すこの上ない能力としてとくに称揚されるべきものである。ソクラテスはこの意見に果敢に反駁し、それはじつは、ことがらの真の「正・不正」に関係なく、ただ論者の主張を相手に信じ込ませるための術にすぎないことを明らかにしようとする。つぎに、ゴルギアスがやり込められるのを見てポロスが議論に割り込み、議論のテーマは「人間にとって何が幸福で何が不幸か」ということに移る。ポロスが提示するのはたとえばこんな興味深い問いである。

――ソクラテスよ。あなたも知っていると思うが、マケドニアの王アルケラオスはもとは先王の叔父の奴隷だった女から生まれたので、そもそも王になる資格のない人間だった。ところが彼は策謀をこらして叔父とその息子を殺し、さらに正嫡の自分の弟も殺してうまく王の後継ぎになった。ところで、あなたの主張するのは、この叔父の方がアルケラオスよりずっと不幸ではなく、アルケラオスはギリシャ中で最も幸福でない人物だということだ。しかしどう考えても私はそんな意見には賛成できない――。

ソクラテスの反駁はこうだ。人間にとっての「正しい」とか「善い」とかは、世の中をわたっていくうえでの利益や優位性にではなくて、「魂の正しいあり方」や「正しい生き方」という点にある、と。

これに対してゴルギアスやポロスが主張するのは、人々の現実的で常識的な「よい」と

「悪い」の感覚である。彼らはここで、必ずしも言葉をもてあそぶパラドクシカルなレトリックをこととしているわけではない。彼らの主張の要点は、言葉の現実的な力は、抽象的な問題を思弁するための論理性にあるのではなく、実際にどのように困難な事態を打開したり動かしたりできるかというその実効性にある、ということだ。

だが、議論のやりとりではポロスもソクラテスの弁論に太刀打ちできない。ソクラテスがソフィストたちをやり込める仕方はなかなか独特で、ソクラテスの方がむしろレトリカルな詭弁を弄しているといえる場合も多い（ちなみにいうと、これは『ゴルギアス』にかぎらない）。たとえば、二人をやり込めるソクラテスの議論はこんなふうだ。

不正を行なうのと受けるのとでは行なう方がより「醜い」。より醜いとはそこにより多くの害悪（悪）があるということだ。だからアルケラオスの方が叔父よりももっと多くの「害悪」を受けていることになる。するとやはりアルケラオスの方がより「不幸」だといえる。

要するに、二人の使う「善」「益」「徳」という言葉は、個々人にとっての「善」や「徳」を意味している。ところが「善」や「徳」という言葉には、万人にとっての「善」や「徳」という普遍的な意味の側面が必ず含まれており、ソクラテスは巧みにこの側面を彼らの語の用法にぶつけてその矛盾を暴露するのである。これはじつは、いつもはソフィストたちが使うパラドクスの逆用で、ほんとうに彼らを納得させる議論とはいえない。しかしともあれソクラテスはそんなふうに二人をやり込める。

さて、対話篇『ゴルギアス』の白眉は、最後に政治家のカリクレスなる人物が登場し、ソクラテスに対してじつに現実政治家らしい異議をたて、そのことで議論が白熱するところである。この異議は前二者の抗弁よりずっと本質的であり、かつ二人の主張の核を十分含み込んだものになっている。

カリクレスはこういう。

――ソクラテスよ、私はいままで君たちの議論をずっと聞いていたが、ほんとうの詭弁家は君の方だと思う。つまり君は、善や徳や美という言葉が、その自然の本性（ピュシス＝欲望の本来）と法律習慣（ノモス＝法的な善し悪し）とではまったく違ったものとなるのに、巧みにそれらを混同することで話を自分の有利にもっていったのだ。

これまでゴルギアスやポロスがあからさまにいうことをはばかっていたことを私ははっきりいおう。すなわちそれは、優秀な者、有能な者が劣悪な者、無能な者よりも多くもつことこそ自然の本来であるということ、これである。また法というものは、そういう弱者たちがより集まって作り上げたものであって、だからそれは能力のある者が多くもつことをできるだけ制限しようとする。したがって、その「正しい」は自然本来の「正しい」とは背反的なものなのだ。そして君はこの動かしがたい事実に目をつぶって、いろんな詭弁をなしているにすぎない。

ねえ、ソクラテス。哲学というものはたしかに結構なものだ。人が若い頃にそれに触れることは論理的な訓練という意味以上に大切なことだと私も思う。しかし必要以上にそれにかかわっていると、せっかく立派な人間となって社会的な名声を上げる可能性があるのに、その芽を潰してしまう危険が大いにあるのだ。彼らはしばしば、国家社会の一員として非常に偏った現実感覚しかもてない人間になり、また知らず知らずのうちに、ふつうの人間のもつ欲望や感情を敵視するような人間となる。

しかし一方で、自分に何か大きな危害が振りかかってもそれを打開するためのしっかりした知恵ももてず、自分ばかりか、自分にとって大事な人間たちにそういうことが起こった場合にも、同様に何ひとつできないのだ。人間というものが、社会生活の中でつねにそういう問題にぶつかることを軽く見てはいけない。哲学の摂理はなるほど高遠で結構なものだろうが、そういう現実性への感覚を失ったところにほんとうの知恵はないのだ。それがソクラテス、哲学に対するぼくの考えなのだ――。

堂々たる議論だが、これに対するソクラテスの反応も面白い。

――よくいってくれたね、カリクレス。いま仮に私の魂が黄金で出来ているとしたら、カリクレスよ、哲学に対する君の異議は、じつに貴重な「試金石」というにふさわしいものと思う。君はふつうなら人がはばかってあえていわない大事なことを見事なまでに率直にいってくれた。そのおかげで、私は自分の議論の弱点やおかしなところを十分吟味することができるにちがいない。で、君の議論からさらに進んで、哲学がほんとうにそういう役に立たないものかどうか確かめてみようではないか——。

プラトンの対話篇には、しばしばこのような見事な異議が現われる。それがプラトンを一級の思想家にしている大きな要素であって（『国家』におけるグラウコンの「ギュゲスの指輪」の話などもそうだ）、この箇所を読んでニーチェがわくわくしたというのもうなずける。

カリクレスの反駁のエッセンスは、これを最上のものとして取ると、まさしくニーチェ的な観点をよく表現している。つまり、ソクラテス的哲理は「徳」や「正義」の概念を極端なまでに聖化し、そのことでこれを、人間の欲望の自然性とまったく背反的なものにしている。そのため「徳」や「正義」の概念は結局生身の人間が近づくことのできない空疎なロマン的名辞になることを免れない、ということだ。

ソクラテスはこのカリクレスの異議に対しても強力な反論を行なうが、それの仕方はゴルギアスやポロスに対するものとさほど変わらない。たとえば、カリクレスは、ソクラテス的な「節制」の観念、つまり貧しくとも自足して余計な欲望に煩わされない方がほんとうは幸福である、という考え方に対してこういう。それはつまり喜びも苦痛もなく生きることではないだろうか。欲望を求めることにはたしかに労苦がつきまとうが、それでも目標がありそれを満たそうとする努力のうちに生の喜びというものがあるはずだ、と。

ソクラテスはこう反論する。「ひとが疥癬にかかって、かゆくてたまらず、心ゆくまで掻くことができるので、掻きながら一生を送り通すとしたら、それでその人は幸福に生きることになるのだろうか」。人々が一般に求める欲望とは、このように自足を知らず果てのない快楽を求める無益な欲望なのだ。またそういったことがらの極点にあるのは、男娼たちの生活だろう。しかし彼らの生活こそは最も恥ずべきもの、惨めなものではないだろうか。つまり、ほんとうの幸福とは、人間や魂を優れたものにするような欲望とそうでないものとをはっきり見分けて、善き欲望に従って生きるときにこそ実現するのだ……。

だが、このソクラテスの反論はカリクレスの異議に十分答えるものだろうか。

カリクレスの異議の核は、ソクラテスの「正しさ」や「善」は、人間の自然な「正しい」や「善い」の感覚から離れて反転した架空の目標にすぎない、という直観にあるが、ソクラテスはこれに対して、人々がふつうに「正しい」や「善い」と考えているものは虚偽の、見せかけのものだ、と繰り返している。カリクレスの異議によく答えるためには、人間がなぜ理想と現実という二つの世界をもち、しばしばその間で引き裂かれるかといった問題を新しく立て直す必要があるのだが、ソクラテスはもっぱら、何が真の「正しさ」や「善」かを知るべきだ、という主張を繰り返しているだけだからだ。

ここでのソクラテスの議論には、たしかに、ニーチェが知的楽天主義と非難したような思考の性格が色濃く現われている。それはつまり、一方で、人々はほんとうは自分たちが無知であること（＝間違っていること）を知らない、という考え方であり、もう一方で、人はあることがほんとうに自分（とその魂）を優れたものにすることを知るなら必ずそのことを欲し行なう、という考え方だ。

ところがヒュームやスピノザや、その他優れた哲学者がはっきり見抜いていたように、「正しさ」や「善」は〝エロス〟に媒介されないかぎり、あくまで道徳的、倫理的要請にとどまるほかない。理想的概念は、ただその一般的な知によってだけでは、個々の人間の中で生きられる生の目標には決してならない。ここにカリクレス的異議の核心があったが、ソクラテスの反論はこの核心には触れえていないのである。

「魂のほんとう」を求めることに人間の「生のほんとう」がある、というプラトンの思想は、まったく新しい哲理ではあったが、ここではまだその深い表現に達してはいない。しかし、それにもかかわらずわたしたちは、むしろプラトンの登場人物たちが示す〝理想的なるものへの異議〟の中に、彼の優れた洞察の片鱗を見てとることができるのである。

6 「本質」を取りだす方法——『メノン』

ソクラテスの死をめぐる三部作をのぞくと、初期対話篇は特徴的な定型をもっている。それはソクラテスがソフィストたちや他の若者たちに、さまざまなテーマで「〜とは何か」という問いを投げかけ、彼らの答えの不十分さを追いつめてその「無知」を明らかにしていく、というものだ。これは見てきたような、言語の相対主義や懐疑主義への批判というモチーフをもっている。

しかし、言語の相対主義への批判ということは、見かけほど容易な問題ではない。それどころか、言語の相対主義と、これに対置される言語の厳密主義は歴史的に根強い対立構造をもっている。すでに少し触れたが、インドの仏教哲学ではこの対立構造がその歴史を作ってきたといえるほどだし、近代哲学はもちろん現代哲学においてもむしろこの対立は強くなっている（構造主義‐ポスト構造主義、現象学・分析哲学‐ポスト構造主義など、いろんなバリエーションがある）。

この理由を簡単にいうと、言葉を「何とでもいえる」という仕方で使えば認識や思想の普遍性が危うくなることは明らかなことだが、しかし一方で、言語の「絶対的に間違いのない使用法」などという考えにも、人は直観的に拒否感をもつからだ。プラトンがぶつかっていたのもこの問題だが、そう簡単に決着のつく問題ではない。

ではプラトンはこの問題をどのように考え進めたか。

ふつういわれているのは、プラトンは「善のイデア」という絶対の切り札をおいてこれを全知の根拠とした、という批判である。しかし、じっさいにプラトンが著作の中で示している方法をよく吟味してみれば、このような見方の素朴すぎることが明らかになる。

ここで取り上げたいのは初期対話篇では最も遅いものとされている『メノン』である。これはいま示唆したような問題が象徴的に現われている重要な対話篇だ。

ここでのテーマは「徳とは何か」。対話者はテッタリアからアテナイを訪れている青年メノンと、彼が身を寄せているアテナイの民主派アニュトスである。

徳とは何か、というソクラテスの問いに対して、メノンは答える。

——男の徳とは何より国事をよく処理し、友を利して敵を威圧すること。女の徳は家をよくととのえ、夫に服従すること。また子供には子供の、自由人には自由人の、召使には召使の徳があることはいうまでもありません——。

ソクラテスはこう返す。

——メノンよ、徳が何であるかについての君の答えは、まるで蜜蜂がわんさと群れをなしているみたいにいろいろじゃないか。だけど仮に、いろんな種類の蜜蜂があるとして、しかし蜜蜂とは何かと誰かに聞かれたら、君はいろんな蜜蜂における共通して変わらない点を見つけ出す必要があるのではないかね？——

ソクラテスのこのような問い方は、美を論じた『ヒッピアス（大）』でも、勇気について論じた『ラケス』や、友愛をテーマとした『リュシス』でも、ほとんど同じ形で反復される。対話者は、たとえば「美」とは何かと聞かれてさまざまな美しいものを挙げるのだが、ソクラテスはこれに対して、繰り返し、自分が聞いているのは個々の美しいものではなく「美しいものそれ自体とは何か」ということだ、といい、そしてそのためにはさまざまな美しいものの中の「変わらないもの」をいわなくてはいけない、と要求する。たとえばこんな具合だ。

君があげたいろいろの徳についても同じことが言える。（略）それらの徳はすべて、ある一つの同じ相《すがた》（本質的特性）をもっているはずであって、それがあるからこそ、いずれも徳であるということになるのだ。この相（本質的特性）に注目することによって、「まさに徳であるところのもの」を質問者に対して明らかにするのが、答え手としての正しいやり方というべきだろう。（『メノン』藤沢令夫訳、以下同様）

ソクラテスが探究するのは、「節制」「正義」「勇気」「慎み深さ」といった人間にとって本質的といえる諸徳の「本質」が何であるか、ということだが、ソクラテスのこのような要求を十分に理解できる人間はめったにいない。だからほとんどの対話者は、彼の問い方の意味がよくわからず大いに混乱する。

初期対話篇において、多くのソフィストや弁論家たちに対してソクラテスの優位があるとすれば、それはひとえに、言葉によってことがらの「本質」を取りだす方法についてのプラトンの思想的確信にかかっている。だが、注意すべきは、初期対話篇では、それぞれの問いの明確な答えが示されるまでにはいたらず、ただ、ことがらの本質を取りだす本来的な可能性が示唆されるにとどまっている、ということだ。

プラトンの著作の全体を通して、この「〜とは何か」という問いはきわめて重要な意味をもっている。すなわちそれは、ソフィスト的な相対的言語使用に対抗する〝本来あるべき〟言語の使用方法として示されているだけでなく、同時にまた、「善」「美」「徳」といった、人間の諸価値の「本質」を洞察するための方法として提示されているからだ。

ところが、にもかかわらず、初期対話篇ではこの「〜とは何か」という問いは、まず明瞭な答えを見出すところまではいきつかない。また中期以後では、「正義」や「善」とは何かという問題は、天上界にある「善のイデア」といった独自のミュートス（物語）として語られる。そのため多くの読者は、結局この問題についてはぐらかされたような印象を受けることになるのである。

しかし、少し先回りしてわたしの考えをいえば、プラトンの示した本質洞察の方法は、言語相対主義を越え出る方法として、アリストテレス的な方法よりずっと本質的であり、プラトンはその見事な実例をじっさいに著作の中で示しているのである。だがそれについては後に詳述することにして、さしあたっては、まず「想起説」を検討しよう。

『メノン』は、想起説がはじめて登場する対話篇として知られているが、そこで議論はこんな具合に進む。

「人間は自分が知っているものも知らぬものも、これを探究できない。なぜなら、知っているものはそれ以上探究する理由がないし、知らぬものについては、何を探究すべきかも知らないからそもそも探究が不可能だ」。まずソフィストによるこのようなパラドクスが引き合いに出され、これを論駁するためにソクラテスは、魂の輪廻説のミュートス（神話・物語）によって独自の「想起説」をメノンに説く。

——魂は不死であるから、人間は死んでも幾たびもよみがえる。その間魂は、この世とあの世（ここではまだ天上界とはいわれない）を何度も行き来して、魂が学ぶべきほどのものはすべて学んでしまっている。だから、徳が何かということについても、その他のことについても、人間はじつはすでに知っているのである。そうである以上、人間は自分が何も知らないと思っているものについても、それを必ず想起することができる。つまり、探究するとか学ぶということは、じつはその本質としては、かつて学んだことを「想起」することにほかならない――。

人がある花を美しいと感じることができるのは、彼がそもそも「美」それ自体（＝美のイデア）を知っていたからだ、そうプラトンはいっている。現在の常識からいうと、人間の認識は経験に由来するのであって、その根拠を前世（あるいは、この世を超えた世界）に求めるような考えはもちろん荒唐無稽というほかない。

ちなみに、「想起説」は『パイドン』での詳しい説明が有名で、こちらでは「等しい」こと、「似ている」ことが例に挙げられる。

人はある別のものが互いにある点で「等しい」とか「似ている」というが、それは二つのものを比較していわれる。この場合、その判断が成り立つには、彼があらかじめ「等しい」とか「似ている」ということの本質を知っているのでなくてはならない。ところで、人は具体的な事物がどんなものかを感覚を通して学ぶが、感覚はあくまで個々の事物の色合いや形のみを教えるものであり、「等しさ」それ自体とか「類似」それ自体が何であるかということを教えはしない。すると、それらのことはわれわれが後天的に経験から学んだものではなくて、いわば生得的に何らかのかたちで所有していたと考えるほかはない。こうして「等しさ」や「類似」のイデアは、魂が生来もっている隠された記憶の想起として説明される。

もちろん、この奇妙な説をプラトンの語りのままに受け取るなら、その豊かさに触れることはできない。

さしあたり肝心なのは、プラトンが想起説という考え方で示そうとしているのは、人間が言葉によってものごとの「本質」を取りだしうるその「可能性の原理」だ、ということである。

たとえば、右の想起説を実証するために、ソクラテスはメノンの召使の少年に、幾何学についての簡単な公理と考え方をはじめに教えた上で、幾何学の幾つかの問題を自分の力で解かせてみせる。そのことでメノンに、この少年がはじめには知らなかったことがらを、自力で理解し学んだということを示そうとするのである。はじめ幾何学について「無知」だった少年が、自力で正しい「知」にいたるということ、このことでプラトンがいおうとしているのは何だろうか。

まず幾何学が、誰がどこから考えても必ず同じ答えに導かれるという思考における「普遍性（＝共通了解）の可能性」についての象徴的なモデルである、ということだ。

　もともとプラトンが示したいのは、「善い」や「正義」といった諸徳の「本質」が必ず存在するはずだということ、言い換えれば、「価値の普遍性」の可能性である。これをどういうべきか。諸価値、諸徳というものは個々人が好き勝手に自分だけの「善し悪し」として所有しているものではない。どこかに何らかのかたちでその普遍性の根拠があるはずであり、それを諸徳の「本質」として取りだせるはずだ。そして幾何学は、もし正しく考えることができれば誰でもことがらの「本質」に達しうるということの、一つの原型的なモデルを示しているのである。

　たとえば、「善い」の本質とは何か。ある人は名誉こそ「善い」といい、ある人間は富こそといい、またある人間は友情こそという。これらはそれぞれ各人の経験から出てきた実感だが、決して一致することのないまま、個別の信念としてしばしば相容れない形で対立する。しかし、この個別の「善い」を超えた「善い」の本質というものがなければ、この世界で、人間どうしが互いに「善し悪し」を考えあい、そのことで心をつなげあおうとすることの根拠はなくなる。

　プラトンは、およそものごとの「本質」は、個々の経験を越えて〝普遍的〟なものとして存在するはずだ、と考えた。あるものが「正しい」かあるいは「善い」かという本質的な判断は、各人の個別の信念からは決して導けない。それは個別の経験を越えた何ものかに根拠をもち、しかもそれは、もし適切な仕方で思考するならば誰もが到達できる、そういうものであるはずだ、と。

人はものごとの「本質」の判断をこの世の自分の経験から得るのではなく、いわば天上界のイデアの想起によって得る。「想起説」が表現しているのは、プラトンのそのような考え方なのである。

ここで注意すべきは、彼のイデア論は、さしあたりこのような直観の思想的表現として現われるのであって、その論理的証明ではないということだ。想起説からイデア論にいたるプラトンの思考の核を、わたしは絶対真理説ではなくて普遍性の根拠についての説と呼びたいが、その内実について、次の章でさらに詳しく考えることにする。

第三章　イデア

1

絶対イデア主義について――『パイドン』

『パイドン』はプラトン思想の難所である。多くのプラトン批判は、ここに象徴的に表現されているプラトニズムにその狙いを定めている。ひとことでいってそれは、極端にまで推し進められた「ロゴス（知）中心主義」、「魂至上主義」、そして「現世否定主義」にほかならない。ソクラテスの死をめぐる『ソクラテスの弁明』『クリトン』『パイドン』の三部作には総じてこのプラトニックな傾向が強いが、とくに『パイドン』は極めつけの感がある。

わたしは、プラトン思想をヨーロッパにおける絶対的真理と至上存在についての形而上学的源泉とする考え方に与《くみ》しないが、しかし、ニーチェやハイデガーに代表されるプラトン批判を、まったくの捏造と考えるわけではない。たしかにプラトンのいくつかの著作には、ことにその「魂への配慮」という考え方において、かなり〝顚倒〟したプラトニズムが見られる。そしてとくに、これに対するニーチェの批判には理がある、と思う。しかし、それにもかかわらず、プラトンの〝プラトニズム〟を後のヨーロッパ哲学の絶対真理主義や至上存在の思想と同一視し、前者を後者の「起源」であると考えることは誤りである、とわたしは考える。

このことを明らかにするために、ここでまず、プラトンにおけるプラトニズム的〝顚倒〟の意味と理由について考えてみよう。

『パイドン』は、ソクラテスが毒を飲んで死に服する直前、パイドン以下の弟子たちに最後の教説を述べるという設定で始まる。

はじめに、「真に知を求めるものは、死を厭わずむしろそれを願っている」というソクラテスの言葉に若いシミアスとケベスが疑問を抱き、それに対するソクラテスの教えが述べられる。つまり、この命題を〝証明〟することが、まずはじめの教説である。

――知を求めるとは、結局どういうことか。それは「それそのもの」として存在する「正しさ」「美しさ」「善」なるもの、言い換えれば「存在の本来的なるもの（ウーシア）」を探究し、それに触れるということであり、そこに「愛知」ということの本来の意味がある。ところが、人間は、そのような「真実在」（＝イデア）を感覚（視覚や聴覚など）によっては捉えることができない。感覚は相対的であり、またいわば肉体的な欲望にけがされているからだ。

つまり、人は、どれほど強く知を求めようとしても、魂が肉体の欲望と混じり合っているために、純粋な形でこの「存在そのもの」をつかむことはできない。だからこそ、知を求めるほどの人は、できるだけ肉体的な快楽や欲望から離れそれに影響を受けないように心掛けるのだ。しかし、われわれが真実の「存在そのもの」に触れうるためには、魂を肉体から分離し、魂をしてまさにその純粋な形で存在させたほうがよい。で、人が「死」と呼んでいるものは、まさしくそのような状態、「魂の、肉体からの解放と分離」という状態でないだろうか。

そうだとすれば、「ただしく知を求める人は、まさしく死ぬことを練習している」のだし、だからこそそういう人間にとっては、死は決して恐怖すべきことではないということになるはずだ——。

何らかの「絶対存在」の境地に到達することにこそ、生のあるいは世界の究極の「意味」と「目的」(テロス)がある、という考え方をここに読むことができる。ソクラテスのいう「真実在」や「存在そのもの」とは、もちろん「イデア」のことだが、それは「想起説」や「魂の不死説」とセットになって提出されている。つまり、『パイドン』での極端なまでのプラトニズムははっきり「イデア」説と結びつけられており、ここで「イデア」は、生と世界の存在にとっての究極の目標として描かれている。

要するに、プラトンは哲学固有の「いったい人はなぜ生きるのか、世界は何のために存在するのか」という問いに端的な答えを与えようとしており、「存在の本来的なるもの（ウーシア）」（＝イデア）への探究およびそれに触れることが、その答えとして示されていることがわかる。

すでに見たが、とくにニーチェはここに描かれたソクラテス像を、「死を克服する思想」としてきびしく糾弾した。キリスト教において、自ら十字架にかかって人々の罪を贖うというキリストの行為が、その後の原罪や、救済や、審判の思想に決定的な根拠を与えたが、ソクラテスの行為はまさしくその先駆けをなすというのだ。

しかし、プラトンに即していえば、この死を恐れない思想の中心の意味は、殉教的、贖罪的な意味ではなく、人々の現実的な欲望にいかに歯止めをかけるかという点にある。もしも「魂」の生というものが死の先にもあることを〝証明〟できるなら、人々の生をしてこの世の欲望にとらわれることを戒め、魂への配慮を促す上で最大の切り札となることは明らかだからだ。

ただ、「死の克服の思想」に対するニーチェの糾弾の意味は、二〇世紀を通過した現代ではさらに別の意味をもっている。ある信念のために自分の死をも受け入れるという思想は、自らの死の覚悟をバネとして、しばしば正しい信念のためには他人を殺してもよいという思考に転化する。これが一九、二〇世紀に現われた「正しさ」の思想と信念についての新しい大問題だった。つまり、「正しさ」の強固な信念は、しばしば、自分の命を賭するということを越え、他への押しつけへと転化して、恐るべき災禍となるからである。

二〇世紀の文学には、このような「正しさ」の純粋プラトニズム(=正しい理念へあくまでも自分を近づけたいという過激な欲望)への批判をモチーフとしたものがいくつもある。ドストエフスキーの『悪霊』やジードの『狭き門』などは、この〝信念のプラトニズム〟批判の記念碑的な小説である。

『パイドン』においては、「イデア」は生と魂の究極目標とされる。つまりそれは、極端な「魂」至上主義と一つになっている。この「魂」至上主義は、すでに『ソクラテスの弁明』の頃からソクラテスの像とつねに切り離せない形で存在していたものだ。ところが、初期対話篇では、この「魂の至上主義」は少し違ったニュアンスで現われている。

たとえば、『ゴルギアス』などにも「魂」の存在についての議論が現われる。しかしここでは、「身体」にとっての徳が「健康」であるように、「魂」にとっての徳が「正義」や「節制」である、といわれる。人間は世俗の快楽や名声などに溺れるのでなく、自分の「魂の世話」をいっそう大事なものと心掛けるべきだ。そういうニュアンスが『弁明』においても『ゴルギアス』においても、また他の対話篇においてもはっきり出ている。この「自己の魂への世話と配慮」という主張は、身体にとって健康が大事なように、また感情にとって音楽が大事なように、人間の生にとって自分の生き方や存在しかたへの配慮が大事だ、という言い方に近いのである。ところが、『パイドン』においては、一つの決定的な転回が生じているように見える。

それはこういうことだ。ここではもはや、「自分の魂への配慮」こそ生にとって大事なことだといわれるのではない。むしろ、人間は肉体という不純なものによって魂の純粋性を損なわれており、そのことで真の「知」、絶対的な「真実在」の「知」から遠ざけられている。だから、いわば、できるだけ早く、この世の肉体や欲望とともにある存在しかたから抜け出て、「真実在」に近づくことが大事なのだ、とされる。これは明らかに、ニーチェが指摘したような「この世での生は仮象にすぎず、真なるものはもう一つの世界に存在する」という顚倒したプラトニズムの形になっているのである。

ニーチェはこういう。「不法はプラトンにおいてすでにその絶頂に達している。（略）要するに、道徳価値の自然性が剝奪されることによって、変質してゆく人間類型が、「善人そのもの」、「幸福者そのもの」、「賢者そのもの」がつくりあげられるにいたったのである」（『権力への意志』原佑訳）、と。

ところでしかし、このような「魂への配慮」から絶対的「真実在」へという顚倒が起こる理由はいったい何だろうか。

もともと、「魂への世話と配慮」こそ大事という考え方が現われる理由は明らかである。日常生活において、人々は必ず善意や同情、共感や助け合いといった素朴なモラルを育てている。人が家庭生活を営み、係累や友人や仲間とのつながりの中で生きるかぎり、このモラルは自然かつ基本的なものだ。それが「道徳価値の自然性」ということである。

人間は誰も「正しく生きるべき」であるという考えが極端であるのと同様に、「善」や「正しさ」をいうこと自体欺瞞的だ、という考え方も現実的なものとはいえない。ともに生活する人間どうしが、自分たちの行為や態度について「善いこと」や「立派なこと」を誉めあったり、世のさまざまな事態についてその「善し悪し」を考えたりするという要素は、人間の生活から取り払えない要素だからである。その意味で、人間の生活は自然なモラルを確保しあうゲームという側面をもっているといえる。

しかし一方で社会生活は、この自然なモラルのゲームの上位に、経済ゲームや権力ゲームというもう一つのゲームを形作っている。そしてこの両者、生活上の自然なモラルゲームと社会的な経済ゲーム、権力ゲームは、しばしば、背反的な関係として現われる。この関係の背反性は、社会における政治や文化の一般的条件の指標でもある。この条件が劣悪であるほど、前者の「善し悪し」と後者の「価値」は一致しないばかりか、いっそう対立的なものとなる。そして、時代の状況の中でこの背反性が際立ってくるような場合に、しばしば「魂」のプラトニズムが現われるのである。

すでに見たようにアテナイは栄光の後の頽廃期にさしかかっていた。伝統的なモラルのあり方とそれを支える秩序の精神を重んじる感覚は薄れ、政治と経済の権力がますます一切を決定するものになる。ヘーゲルのいう古典的な人倫の秩序はもはや調和を保てなくなる。

社会的なゲーム（＝成功ゲーム）と生活の中でのモラルゲームは、こういう状況の中で「善し悪し」を逆転させ、人々は二重の価値観（ダブルスタンダード）の中で生きることを強いられる。モラルゲームのルールは成功ゲームのルールに従属させられ、それは、生きることが欺瞞と虚偽に満ちたものだという意識を人々に強いる。この価値のダブルスタンダードは「ほんとうのものなどどこにもない」という感覚を強め、人間から「真・善・美」それ自体に対する信頼と確信を奪うのである。こうして世の中にニヒリズム、シニシズム、デカダンの空気がにじみ出す。

こういう状況において、人間の内的な価値を守ろうとする精神が危機を感じて叫び声をあげる、ということが起こる。文学や思想の〝内面化〟の運動が生じるのは、しばしばそういう場面においてである。ルターやカルヴァンの宗教改革における「魂至上主義」はそのような場面で起こり、日本の近代文学における過剰な内面化も、同じ状況を背景にもっていた。北村透谷が「厭世詩家と女性」で書いたように、「想世界」と「実世界」とのたえまない「争戦」が生じ、このたたかいに挫折した魂は自らの想世界の「牙城」に立てこもる、ということになる。

ソクラテス＝プラトンが立っていたのもそういう場面であって、彼らは、この危機を克服するには、もう一度人間的な「価値」（真・善・美）の意味と根拠を確認しなおすほかはないと考えた。ソクラテスが「魂への配慮」こそ生にとって最も重要だというとき、この主張を支えているのは、あの成功ゲームとモラルゲームにおける価値の逆転を正そうとする動機なのである。

ソフィストや弁論家は、言論をレトリックと説得の技巧に変えてしまう。それはつまり「真・善・美」の価値を徹底的に相対化し、ダブルスタンダードを正当化する。それどころか、その言論の方法は、「白を黒といいくるめる」説得術として人々の成功ゲームのみに奉仕する。だからこそ、この言論術における思想のダラクに抗って、言葉の力を「真」を導くための正しい方法として立て直さなくてはいけない。またそのことによって、「価値」の普遍的な根拠を見出す必要がある……。

さて、わたしの印象では、プラトンが多くの初期対話篇の中で「魂への世話と配慮」を強調するとき、このようなモチーフが背後によく生きているのが感じられるために、それほど違和感は生じない。ところが『パイドン』ではかなり印象がちがってくる。ここでは生活上のモラルを成功ゲームの論理から守ろうとする動機を越えて、「魂への配慮」が至上目的化され、そのためほとんど「反生活」の思想という性格が前面に出ている。「徳」は、それ自体が生の目的とされる段階をさらに越えて、「真実在」に触れるというより上位の至上目的のための一プロセスにすぎないものとなり、ついにこの世の生活は至上目的にとっての不純な要素と見なされるにいたるのである。

たとえば、モンテーニュはこういっている。「徳は人間の快楽を養い育ててくれる母なのです。徳はそれらの快楽を正当なものにすることによって、それらを確実な純粋なものにします。それらを適度のものにすることによって、それらを息づき働く状態、味わいのある状態に保ちます」（『エセー』荒木昭太郎訳）。「徳」の考え方として、このような考え方のほうが妥当であることはいうまでもない。繰り返していうと、ニーチェのプラトン批判はここでは説得力をもっている。つまり、まさしく「道徳価値の自然性」の剝奪と顚倒ということが生じているように見える。

見てきたように、思想や文学が「正義」「徳」「誠実」といった「内面性」を強調するときには、必ずこのような事情が背景として存在している。価値のダブルスタンダード化は、人間の内的なアイデンティティを脅かしシニシズムやニヒリズムの危機をもたらすからだ。

しかしこれを立て直そうとする努力はまた、つねに価値の「自然性」の顚倒の危険を孕んでいる。その理由はつねに一つで、思想がモラルの価値を成功ゲームの価値から守ろうとして、成功ゲームの価値を「反動形成的」に否定しようとするからである。

成功ゲームの価値は、ひとことでいえば競争原理、「強いものが多くを得る」という原理だ。しかしこれは必ずしも「弱肉強食」ということを意味しない。

人は、しばしばいわれるように、富や権力への欲望から単純に成功ゲームに駆りたてられるわけではない。経済と権力のゲームは、一方でさまざまな矛盾の源泉であるが、もう一方ではあらゆる社会における基礎的ゲームでもあって、どんな社会においてもとくに男子は、いわば家族、近親、友人たちという観客を前にこのゲームでの成功を期待される存在として生きている。そしてこの期待に応えて皆の尊敬に値したいという気持ちが、人を社会的成功ゲームに駆りたてる主な動機なのである。重要なのは、この動機もまた、人間生活のうちの自然で不可欠な否定しえない要素だということだ。

世間の中で他人と伍してやっていくこと、言い換えれば、経済的、政治的、また人間関係上の力関係のゲームに参加することは、どんな人間にとっても彼が属する役割関係の中での基本的な義務であり必要である。だから、この要素をまったく否認することは、それはそれで、生活関係の「自然性」を〝顚倒〟することになるのである。じっさい、初期キリスト教のような宗教は、モラルゲームと力のゲームの従属関係を完全に逆転しようとする過激な思想運動として現われた。

ともあれ、『ゴルギアス』での哲学に対するカリクレスの異議は、まさしく、この極端な顚倒の感覚に対する違和感にもとづいていた。カリクレスにとって、哲学は、それが純粋にモラルの世界にだけ生きよという声として現われるかぎりにおいて、生活の実理を解しない無知で極端な理想主義にすぎないのである。

ギリシャ哲学であれ、仏教思想であれ、中国の儒教であれ、また初期キリスト教であれ、およそ思想というものは、過剰な成功ゲームの論理から生じる人間性の危機を立て直そうとする動機をもっている。しかし、それはきわめてしばしば、いま見たような思想の反動形成性によって、人間生活の自然性にとって顚倒的なものにまでいきつく。こういう局面で思想は、少数の思想家や知識人の心情を支えるためのものになって、その初発の動機と生命を失う。

こうして、思想は、いかにこのような純粋思考への傾向（＝プラトニズム）に抗しつつ、自らを現実の土台の上にすえるかという課題をつねに抱えこんでいるのである。

じっさいのところ、哲学と思想の世界史は、いわばこの反動形成の長い歴史であり、それに対抗する思想がつねに少数派だったことをよく示している（スコラ哲学対デカルト、近代ロマン主義対ヘーゲル、近代道徳哲学対ニーチェ、そしてマルクス主義対……?)。また、わたしたちはそれと気づくことが少ないが、現代社会における「倫理」や「義」の思想で、右に見たような「反動思想」的類型からはっきりと免れているものはきわめて稀なのである。

ともあれ、このようなわけで、『パイドン』が、ソクラテス＝プラトンの「顚倒したプラトニズム」を象徴的に表現する著作であることを認めないわけにいかない。しかしそれにもかかわらず、プラトンのプラトニズムには擁護すべき理由が、つまり、それを以後のヨーロッパ的絶対真理主義の思想と同一視しえない理由がある、とわたしは考える。そしてそれは、この「顚倒」の動機の内実にかかわっている。

すでに見たように、この「顚倒」はしばしば、「倫理」や「正義」の主張が、主張者の心情的アイデンティティを支えるという理由でよりいっそう強固な信念となる。あるいはさらに、この主張が「信念の党派」(＝信条の共同体)を作り出すと、この「党派」を強化し権威づけようとする動機のためだけに、思想や理論が機能する、ということが起こる。中世キリスト教やマルクス主義はその顕著な歴史的モデルであるが、しかしこのことは、必ずしも思想が国家的な権力と結びつく場合にのみ生じるような弊害ではない。

重要なのは、ここに、思想が普遍性への探究という本来の性格を失い、ただ「正しさの信念」の共同性を守ることにのみ奉仕するという事態が生じる、ということである。そして、わたしたちが真に批判すべきなのはこの事態に対してであって、〝魂の内面化〟ということに対してではないのである。

〝魂の内面化〟は、いま見たような思想的顚倒のはじめの条件ではあるが、それ自体は時代的に正当な理由をもち、人間精神の危機の不可欠な一表現である。わたしたちはしばしば、〝魂の内面化〟を時代の高みから批判することで、思想の巨大な顚倒、つまり思想の共同化や思想の絶対化や思想の権力化を批判しているかのように考えている。しかしこのような批判は、思想の本質に対する無自覚の端的な現われにすぎない。ここでは、思想の顚倒と絶対化に抗うための本質的な根拠が、思想の相対主義的な「解体」にではなく、思想の普遍性の確保にある、ということが理解されていないのである。

『パイドン』におけるプラトン思想は、たしかに思想の〝内面的〟顚倒の典型的な例である。しかしそれは、思想の共同化、権威化、絶対化という意味での反動形態ではない。その最大の動機をわたしたちはイデア説の内実として読みとることができる。わたしの考えではそれは、「絶対的な正しさ」の確保のための思想ではなく、普遍性の確保のための思想として生きているのである。

2 「三角形のイデア」と「諸徳の対立」――認識の普遍性とは

プラトンにおける「魂の至上主義」や「善のイデア」の絶対化は、すでに見たように二つの動機から現われていた。一つは、人々の現世的欲望に歯止めをかけて成功ゲームの価値を抑制すること、もう一つは、「何のために生きるか」という問いに明瞭な答えを与えて人間的価値（モラルゲーム）の優位性と普遍性を立て直すことである。

このようなプラトン思想のカギとしての「善のイデア」を吟味しなくてはならないが、まず「イデア」とはどういう概念だろうか。

あらゆる事物は、その「本体」あるいは「それ自体」と呼べるもの、つまり「イデア」をもっている。そして個々の事物は自らの存在をそのイデアにあずかっている。またイデアにはランクがあり、「正義」「節制」「美」のイデアなどが最も上位のイデアだが、さらに最高の位置に、さまざまな「イデアのイデア」としての「善のイデア」がある。そしてそれが世界の一切の存在の「根本原因」であると同時に、人間の生（魂）の究極目標でもある。

これがイデア説の大枠だが、現在の人間にとって決してわかりやすいものとはいえない。

プラトンの「イデア」の概念を説明するのによく引き合いに出されるのは、たとえば「三角形のイデア」のような幾何学における例である。

人はいろんな三角形を紙の上にでも、地面の上にでも描くことができる。三本の直線によって囲われた図形であるかぎり、どんな形のものでもそれらは三角形だといえる。描かれた三角形は、どれほど見事にまた精密に描かれたものでも、決して「三角形そのもの」とは呼べない。さて、すべての具体的な三角形はその存在を「三角形のイデア」にあずかっている（＝負っている、根拠をもっている、おかげをこうむっている等のニュアンスがある）、という言い方がわたしたちに示唆するのは、まずこういう事態だが、この場合、「三角形のイデア」とは何を意味しているだろうか。

ふつうに考えれば、それは個々人の「頭の中」にある三角形の「概念」（あるいは「理念」）だ、といえる。この概念は個々の具体的な三角形とは独立して、いわば「永遠」の相で存在し、また個々の具体的な三角形がそれにあずかって存在しているもの、つまりあらゆる三角形の「おおもと」である、といえなくもない。このように、「三角形のイデア」ならば比較的わかりやすい。それは、現在の言葉では三角形の「概念」と考えるといちばん矛盾がない。

だが、「イデア」は「概念」（＝「理念」）という言葉とぴったり同じではない。むしろそれは、わたしたちが「概念」と呼ぶもののその「本体」、というような意味で使われている。たとえば、「美」のイデアは個々の美しいものを「美たらしめているそのもの」とされるが、それは現在の意味での「美の概念」とはいえない。さまざまな「美しいもの」を経験した人は誰でも「美の概念」をもちうるが、この概念からじっさいに「美しいもの」を〝作り出せる〟わけではないからである。

さらに「美」や「正義」といった上位のイデアは、諸イデアの究極的本体である「善のイデア」にまで行き着く。つまり、あらゆるイデアはその存在を「イデアのイデア」にあずかっているといわれる。しかもこの「善のイデア」は人間の魂の最終目的でもある。

さて、ここまで見てきたことを概括すれば、プラトンの「イデア」という言葉は「本質」という言葉に置き換えると比較的収まりがよいことがわかる。三角形の「本質」、家の「本質」、ソクラテスの「本質」、美の「本質」という言葉は、規範、モデル、概念、理念という諸概念をほぼ包括するからだ。ところがまた、プラトンの「イデア」は、さらに、永遠の相において存在し、あらゆる事物がその存在をそれにあずかり、しかもそれは世界や人間の存在意味の「おおもと」（＝根源）であるとされている。「イデア」の性格のこの複合的な規定が「イデア」＝「本質」という整合を困難なものにしているのである。

わたしの考えでは、プラトンのイデア説の形成を理解する上でポイントとなるのは、おそらく、「根拠」という観念である。

　さきにわたしは『メノン』での想起説について触れ、召使の少年に幾何学の問題を自力で解かせるという仕方でプラトンが示そうとしているのは、幾何学が、「誰がどこから考えても同じ考え方と結論へ導かれる」という「共通了解の可能性」についてのモデルであるということだと述べた。つまり、ここで重要なのは、ちょうど幾何学の例が鮮やかに示しているように、あることがらの理解、判断について、確実性や共通了解（＝普遍性）の根拠が、必ず何らかの形で存在するはずだというプラトンの直観である。三角形の「イデア」とはプラトンの説明に即せば〝三角形の本体〟だが、じつはそれはおそらく、三角形の本質が誰にも普遍的なものとして理解されうる可能性の根拠、ということ以上のものではない。

　個々の人間や共同体どうしで、「善し悪し」「うそほんとう」についての考えが大いに違うことはありうる。だが一方で、誰でも、どんな文化でも、必ず「善し悪し」といった価値の秩序をもっている。そうである以上、価値というものの秩序に何らかの仕方で普遍性の根拠があるはずだ。繰り返しいうと、これがプラトンの直観だった。あえていうと、こういう直観は、認識の普遍性の問題にぶつかった思想家が必ずまずはじめにつかむ確信のかたちなのである。ただ、この直観をどう育てどのように表現するかにつねに大きな困難が存在する。そして、「三角形のイデア」は、普遍性の問題についてのプラトンの思想的プロセスにおけるいわばスターティングポイントなのである。

こういうわけで、「三角形のイデア」に象徴されるイデア説の側面を、わたしは、「認識の普遍性の根拠としてのイデア」と呼んでおきたい。そして、この考えに妥当性があるとすれば、プラトンのイデア説を、その動機の諸契機に応じて大きくつぎのように区分できるように思える。

① 「認識の普遍性」の根拠としてのイデア
② 諸徳の「本質」の根拠としてのイデア
③ 「原因」という概念の根拠としてのイデア
④ 「生の目的としての真実在」の根拠としてのイデア

さてしかし、「三角形のイデア」という〝アイデア〟だけでは、さまざまな「認識の普遍性」の問題が解決されないことは誰にも明らかである。いまかりに、「三角形のイデア」という〝アイデア〟を展開して、あらゆる事物は、その本質（＝概念上の本質）をもつと考えたとしよう（＝大のイデア、類似のイデア、犬のイデア、人間のイデア等々）。これはつまり、「三角形」の本質の理解について普遍的な根拠があるのと同様に、事物の本質についてもその根拠はあるといえる、ということだ。しかし、もちろんすぐにそうはいえそうもない。三角形の認識の普遍性の根拠と、他の事物の普遍性の根拠には大きな違いがあって、それを適切にいうことすらむずかしいからだ（二〇世紀に入って、フッサールがようやくこの問題に本質的な解答を与えたのだが）。つまり、かなり懐疑論的な論者でも三角形の認識はみなばらばらだとはまずいわないだろうが、このことがただちに「善」「悪」「正」「偽」の問題に普遍的認識の根拠を与えることにはならないからだ。そしてそもそも肝心な問題は、まさしくこの「諸徳について」の問題なのである。

アメリカ共同体派の中心的理論家であるマッキンタイアは、主著『美徳なき時代』の中で、ギリシャ文化におけるソクラテスとプラトンの位置をつぎのように要約している。

ホメロスの叙事詩に象徴される「英雄時代」における「徳」は、血族的共同体での地位、役割に応じた義務を内実とする。それはしばしば個人（英雄）の卓越した能力として語られ、また死をもって引き受けられるという形をとる。しかしやがて諸徳の不整合ということが生じる。これを象徴するのは、ソポクレス（ソクラテスとほぼ同時代人）の戯曲『ピロクテーテース』や『アンチゴネー』である（「アテネでの諸徳」）。『ピロクテーテース』では、トロイ攻略のためのオデュッセウスの智略という「徳」が、友軍にとって「善」であるという見方と、悪気のない人間を欺くという意味で「狡さ」であるという見方が、対立するものとして示される。『アンチゴネー』では、ヘーゲルが詳しく述べたように、共同体の徳と血族の徳との対立ということが生じる。

ソクラテスとプラトンは、アテナイにおいて顕著になったこのような諸徳の不整合、対立を乗り越えようとする哲学者として登場する。彼らによって徳は、共同体における役割を離れて「人たるもの」に属するものとされる。「人たるもの」とは、つまり自らの共同体と距離をとって、それに疑いをもちうる観点を意味する。そうマッキンタイアは述べる。

この要約はある意味でかなり適切で興味深い。しかし、マッキンタイアは「徳」の本性を人間と共同体との自然な役割関係に見定めているので、結局ソクラテス＝プラトンの「徳」よりもアリストテレスの共同体的な「徳」を評価する。マッキンタイアによれば、近代の個人主義的「徳」の特質は自然な「徳」の本性からの〝頽落〟であり、ソクラテス＝プラトンのそれは、むしろこの個人主義的性格を色濃くもっているからである。

しかし、わたしの考えでは、「徳」の概念を共同体的か個人主義的かという違いで評価するマッキンタイアの考えは、まったく恣意的な評価軸というほかない。それはある思想の本質とはほとんど無関係に、あらかじめ立てられたイデオロギー的評価軸からの裁断にすぎない。むしろ、ソクラテス＝プラトンがソフィストの言語相対主義に「諸徳の不整合と対立」という事態を見出し、そこにかつての共同体的な「徳」の崩壊を直観してこれを超え出る「徳」の概念を探究しようとしたこと、このことこそ思想にとって本質的な営みだったといえる。

「諸徳の不整合と対立」は、ある社会がそれまでの固定的な枠組みを変えて新しい社会の文化を取り入れていくときに必然的に生じる事態であり、そういう場合、この「諸徳の不整合と対立」を古い「徳」の強調によって固守しようとすることは、思想的にはつねに〝反動形成〟となるほかない。

プラトンの時代は、ヘーゲルのいうギリシャ的「人倫」、共同体と人間存在の美しい調和への信が崩壊していく時代だった。家族や市民としての役割関係の中に保たれていた自然な生の意味は、激化する経済的、政治的ゲームの中で人間の存在を支えるものたりえなくなっていく。アンチゴネーが、反乱を起こして死んだ兄の埋葬をめぐって、家族の掟と国家社会（ポリス）の掟との間で引き裂かれるのはその予兆だったといえる。このような場面で、ソクラテス＝プラトンは、「徳」の本性をそういう古典的「人倫」からきっぱりと引き離し、「人たること」それ自体のうちに探究しようとした。つまり彼らは、もはや「徳」の本質が、共同体的枠組みの中ではなく個人のうちに内面化されたかたちでしかその普遍性を保ちえないと考えた。彼らにとって問題だったのは、徳の本質は共同体的なものか、個人的なものかという不毛な問いではなく、どのような考え方の中で最もよく諸価値の普遍性を生かすことができるかということであり、まさしくその点に彼らの営為の核心があったのである。

さて、『メノン』において、「徳」とは何かという問いに、メノンはさまざまな徳を挙げて、これらについて答えようとしていた。たとえば、国事を適切に処理する能力（徳）、家計を上手にやりくりする能力（徳）、人を巧みに説得する能力（徳）、素直で大人たちのいうことをよく理解する能力（徳）などである。これらの「諸徳」はしかし、そのままでは〝対立的〟である。子供の徳、大人の徳、奴隷の徳、主人の徳、政治家の徳、商人の徳、これらはすべて違っていて、きわめて背反的でありうる。

この事情は、さらに時代や社会という枠組みへと拡張される。ある時代にあるいはある社会の中で支配的な「徳性」と別のそれとは、大いに違っている。アテナイで市民の徳とされているものは、スパルタでは非道徳、背徳を意味することが大いにありうる。つまり、メノンの答えは徳が何であるかについてどんな共通了解（普遍性）も保証しないのだ。そして、もしそれ以上何もいうことができないとしたら、徳の普遍性の根拠はないことになり、そもそも「徳とは何か」という問い自体が無意味なものとなる。これをどう考えればいいか。

ソクラテスはメノンに要求する。君はさまざまな「徳」と呼ばれているものの名を挙げているだけだ。そうではなくて、自分は「徳とは何か」という問いに答えてほしいのだ、と。このときこの「徳とは何か」という問いの意味するところは、「徳」の本質について答えよ、ということにほかならない。

プラトンの初期対話篇の多くが、何らかの「徳」の「本質」への問いをテーマとしていることはすでに見てきた。たとえば、『カルミデス』では「思慮深さ」とは何か、『ラケス』では「勇気」、『リュシス』では「友愛」、『プロタゴラス』では「徳」と「快苦」の関係が問題とされていた。

対話篇を中期まで辿っていくと、これら「～とは何か」を問題とする対話法は、三つの中心テーマをもっていることがわかる。「徳」について、「美」について、そして諸「徳」の根本的根拠としての「善」について、である。そして、はじめ「～とは何か」という「本質」の取りだしとして表現されていたものは、やがてはっきりと「イデア」という言葉に置き換えられる。つまり、ここで「イデア」は、人間の諸価値の本質、つまり、「真・善・美」という価値（＝諸徳）の「本質」を表現するものとして提出されている。

これもさきに触れたが、『ヒッピアス（大）』で、「美とは何か」という問いに対して、ヒッピアスは、「美しい馬」や「美しい乙女」と答える。しかしプラトンは、そういう答え方では美の「本質」が答えられないことをまず読み手に示す。

さまざまな美しいものがある。つまりわれわれは、「美しい花」や「美しい音楽」や「美しい人」や「美しい心」などというが、なぜ形状も性質もまったく違ったものを同じ「美しい」という言葉で呼ぶのか。人はその理由をはっきりとはいえない。しかし実際には誰もが、そのように言葉を使っている。だがある意味でわれわれは、じつは「美しい」ということがらの「本質」を漠然とではあるが知っている、といえないだろうか。何が「美しい」ことかを全然知らないとしたら、どうして人は、花や音楽や心といったまるで違ったものを同じく「美しい」と呼べるだろうか。

プラトンは、このような言い方で問題の所在を教えるのだが、しかし美や徳の「本質」が何であるかについて明瞭な答えは与えられない。ただ、この問いに対して対話者たちの答え方では不十分であり、もっと違う仕方での答え方がありうることが繰り返し示唆される。

この事態をいぶかる論者は少なくない。プラトンに批判的な論者は、このことがまさしくことがらに厳密な「本質」を与えることの不可能性を示している、というだろう。しかしそう考えるのは早計である。

ここで少し補助線を引くと、右にみたようなプラトンの「本質」の取り出しという考え方は、わたしの見るところでは、フッサールの「本質観取」の概念に最もよく重なっている。

フッサールは『経験と判断』でこういっている。円の「本質」とは何かと問うと、たとえば、任意の一点から等距離にあるすべての点を結んだもの、というような答えが一般的に考えられる。しかしこれは幾何学的な「定義」であって円の「本質」とはいえない。自分としてはこういう。まず、「円」とか「円い」という言葉で浮かぶさまざまなもの、ボールや、線路のカーブや、皿や、電球等々をどんどん思い浮かべてみる（＝想像変容）。その上で、それらの像の外的な差異を捨象してなお共通項として残りつづけるようなある「同じ感じ」があるとすれば、それが「円の本質」なのである、と。

フッサールの説明が教えるのはこういうことだ。ある言葉の「本質」とは、その概念を定義するような何らかの〝実体的な〟意味内容ではなくて、むしろ、その言葉によって人々が世界を呼び分けて秩序を作り出している、その仕方のことだと考えるのがいい、と（＝言語によって可能になっている世界分節の構造）。

プラトンは「本質」という言葉を論理や認識の問題として、フッサールのような仕方で厳密に論理化してはいない。だが、言葉の「本質」ということがらについての思想的直観は、おそらく、この両者が最も近いのである。

ともあれプラトンは、この「本質」の取り出しの作業を途中で放棄しているわけではない。わたしたちはやがて、「美」の「本質」についての問いが『饗宴』や『パイドロス』において、「徳」と「善」については『国家』において、独自の仕方で答えられるのを見るだろう。

さて、「イデア」はまず、「認識の普遍性の根拠」として現われ（三角形のイデア）、つぎに「諸徳の本質の根拠」として示された。だがそれはさらに「原因」（＝アルケー）という観念の根拠として、受け取ることができる。

周到な『プラトン入門』を書いたR・S・ブラックは、イデア論のなりたちについて次のように述べている。

プラトンが持っていた課題は、ヘラクレイトス的なすべては変化するという考え方とパルメニデス的なすべては「一」であるという思考をいかに融合するかということであり、彼はそれをピュタゴラス派の学説を取り入れることで果たした。「イデア」とは、

「実在的、恒久的、実体的、自体的な存在性を備え」、人間の知っている「宇宙の外部に存在する何ものか」を意味する。そして、この「永遠にして同一のもの」にあずかって、現実世界のさまざまに変化する事物が存在している。この考え方によって、あの「生々流転」と「永遠な存在としての一者」という以前からある対立がはじめて統一されうるからだ……。（『プラトン入門』内山勝利訳）

このような考えは、かなり一般的で、ラッセルもほとんど似たことをいっている。曰く、プラトンは先人の説をたくみに統合した。パルメニデスからは変化が現象にすぎないこと、世界の永遠性、真理は感覚からではなく、知性によってしか獲得できないことを。ヘラクレイトスからは、感覚世界には確実なもののないことを。そして、ピュタゴラスからは、あの世的性格、宗教性、神秘主義などを。ただラッセルはいうまでもなく批判的であって、プラトン思想はこれらを一体化するが、その理想状態は人間生活のダイナミズムを欠落させた、神秘的でスタティックな天上的モデルとなる、といっている（『西洋哲学史』）。

イデア説が神秘的、超自然的であるという批判はひとまずおくとして、それがある意味で従来のギリシャ哲学の「原因」説の根本的な再検討を意味することは明らかだ。しかし、おそらくそれはブラックやラッセルがいうような意味での〝融合〟や〝統合〟とはかなり違っている。そもそもプラトンの「イデア説」をなにより「原因」についての諸説の〝統合〟として受け止め、これをさらに推し進めようとしたのはアリストテレスである。わたしたちはプラトンとアリストテレスという二つの思考のうちに、ギリシャ世界における「原因」という観念についての最大の〝対決〟を見ることができる。

3 アリストテレスのイデア批判——「原因」の観念について

「イデア」は、ある場合は数学的な「概念」を意味し、ある場合は諸徳の「本質」を意味する。しかしそれだけではなく、一切の事物がそれにあずかっている「本体」であるという意味での「原因」といわれ、さらにそれは、生と世界の究極目標としての「真実在」として提示されている。

つまり、「イデア」説は、論理的に明解な説明が与えられているとはいいがたい。たしかにそれには、どこかあいまいで〝神秘的〟なところがつきまとっている。

アリストテレスはそのことに苛立って、綿密かつ周到なイデア論批判を行なった。彼は「中庸の徳」の説が象徴するように、非常に合理的でバランスの取れた理性の持ち主であり、彼のような哲学者がプラトン哲学を〝修正〟しようとしたことはよく理解できる。そしてその批判は、論理的な整合性からいうとまず妥当なものに見える。たとえば、アリストテレスは「善のイデア」という考え方をくわしく検討し直して、これをつぎのように言い直す。

ソクラテス＝プラトンは「善のイデア」を諸イデアを統括する最高の位置においたが、この意味は理解できる。「善」とは、要するにあらゆる生の営みの「目的」をなすものであり、そうである以上、「善」を十分研究することが哲学にとって最も重要な営みであることは疑えないからだ。しかし、彼らは、世の中のさまざまな「善」のほかに、「すべてこれらの多くの善をして善たらしめる因」としての特別な「善」を立て、そのことで余計な混乱を招いた。

魂はその究極の目標として「善のイデア」をもつ……。このプラトンの言い方は、ふつうの人間の感覚からは唐突であり、また検証もできない。むしろこれは、人間のあらゆる営みは必ず何らかの「目的」をもっており、さまざまな意味での「目的にかなうこと」を人は「善きこと」と呼んでいる、と言い換えたほうがずっと正確であろう。そうすれば、「究極のイデア」とは何かといった不分明な問題にとらわれずにすみ、人間が具体的にもっているさまざまな「善きこと」を研究し、ここからそのうちの最も重要なもの（＝最高善）の本質を取り出すことこそ枢要だということが明らかになる。これがアリストテレス倫理学の基本の考えである。

この言い直しは、ある意味では非常に優れているといえる。「善のイデア」を生の目的一般という形に言い換えると、イデア説は生と世界の究極目的であるというどこか宗教的かつ神秘的なニュアンスを解かれて、人間の生活の具体性の中でよく生きるものになるからだ。ところが、ではアリストテレスの倫理学的探究がプラトンのそれをよく発展させているかというと、必ずしもそういえないのである。

アリストテレスの〝修正〟は、いわばイデア論の過激な性格に節度を与え、またその論理的不整合を整理しなおしたが、その結果として、プラトンの「イデア」とそのアリストテレス的翻訳である「最高善」とは、ほとんど異質な思想となっている。そして、わたしの考えでは、イデア論のもつ重要な思想的核心はそこで消えてしまっているのだ。

もうすこし具体的に見よう。

一切の事物はそのイデアにあずかって存在している、とか、「善のイデア」はさまざまな善をして「善たらしめる因」である、といわれるとき、それはつまり、「原因」の根本的根拠としてのイデア、という観念を意味している、そうアリストテレスは考えた。言い換えれば、プラトンの「イデア」とは、これまで哲学者たちが提示した「原因」の諸説の上位に立ち、それらをより根本的に統合するような諸原因の「原因」なのだ、と。しかしこれについてのプラトンの説明ははなはだ不整合で、論理的なものとはいえない。そこでアリストテレスは、それまでのギリシャ哲学の諸説をすべて検討しつつ、「原因」の概念を徹底的に整理しなおす。有名な四原因というのがそれで、これによって、これまで多くの哲学者たちによってさまざまに「原因」（アルケー）と呼ばれていたものは、以下の四つに整理、分類されることになる。

① 形相因（本質因）
② 質料因
③ 始動因（原動因）
④ 目的因

よく知られた分類だが、もう一度確認してみよう。
①の形相因は、その「説明方式《ロゴス》」ともいわれる。つまり「それが何であるか（＝どういうものか）」という問いへの答えであり、たとえば机の形相（＝本質）とは、人がそれによって食事や仕事などをするための台である、といわれる。またそれは、それによって机が作り出されるための〝雛形〟としての机の「概念」をも意味する。プラトンではそれが、

机を机たらしめているものの「本体」とか「机それ自体」（＝「机のイデア」）とかいわれているのと比べると、その説明の合理性は歴然としている。

②の質料因は、机は木からできているという場合の、木という質料（＝材料《マテリアル》）。

③の始動因（原動因）は、事物の変化を促す原因で、これをずっと追いつめていくと世界を始めに動かした根本的始動因にいきつく。

④の目的因は、事物が「それのために」存在するその当のもの、といわれ、すなわち「善」を意味する。ここから究極の目的因として「最高善」が想定される。

こうしてこれまでの「原因」についての諸理念の精緻な再検討を行なった上で、彼はイデア論を批判する。プラトンのイデアは、本来、最も根本的な「原因」（アルケー）として構想されているはずだが、このような四原因の観点からはそのすべてを十分に網羅しているとはいいがたい。「形相因」と「質料因」についてはある程度表現しているが、しかし十分とはいえず、「目的因」としての性格は強いがその説明はあいまいであり、また、とくに重要な「始動因」については非常に不備である、と。

アリストテレスのイデア批判はさらにくわしく展開されていくが（『形而上学』第一巻、第十三巻）、大きな力点として以下の四点を挙げることができる。

第一、実体的なものと関係的なものとの優位性の逆転。

イデア説は、具体的に存在するものを仮象と見なし、その背後にある超感覚的なものを実体（＝真実在）とする。しかしプラトンのいうイデア的存在（「大自体」「小自体」「一」「多自体」など）はじつはしばしば関係的なものだ（プラトンはさまざまな自然物のほかに、「大」や「小」、「一」や「多」のほか、「種と類」「実体と偶有」「等しさ」などにもイデアを想定した）。そしてつねに「関係的なもの」を上位において、これを「具体的に存在するもの」の根拠（原因）と考えるのだが、それはむしろ逆であるはずだ。

第二に、イデアは、感覚的事物に対してどんな関係ももてない。

イデアは、天体の運動や諸事物の生成変化にとって「どれほどの役に立っているだろうか」。というのはイデアは、感覚的事物を超えたところに存在するのみで、その変化や運動の原因とはいえないからだ。たとえば、もろもろの美しいものが美のイデアを「原型」として作り出されるとして、実際にこの原型をもとに事物を作り出すのはいったい何（誰）なのだろうか。イデアは何かを作り出す主体者でない以上、真の意味で事物の存在の「原因」とはいえない。つまり、イデアを万有の「原因」と呼ぶ以上、いかにして万有が制作（創作）されたかということが答えられなくてはならない。

第三に、「あずかる」とか「分有」という言葉は空語である。

イデアはただ永遠不滅のものとして存在し、それだけで万有の根本原因とされるが、その存在と一切の諸事物の存在との具体的関係が明確でない。プラトンはこの関係を、諸事物はその存在をイデアに「あずかる」とか「分有」する、とかいうが、これらの言葉はきわめてあいまいである。イデア自身が何かを作り出したり、動かしたり、変化させたりする存在でない以上、それは「詩的な比喩」を語ることにしかならない。

第四に、善のイデアという概念は、たしかに「目的」という概念を含んではいるが、しかしいわゆる「原因」としての「目的因」とはいえない。

人間がさまざまな行為を「それのゆえに」行なうもの、それが「目的因」であり、すなわち何らかの目的にかなうことが「善」である。しかし「善のイデア」は、ただざまざまな「善きこと」を善きことたらしめている究極のものといわれるだけで、実際に人間が「それがゆえに」さまざまな営みを行なう、その理由や根拠はそこに明瞭に示されていない。

さて、この批判を通覧すると、むしろアリストテレスがイデアをどのようなものと解釈していたかがよくわかる。

彼はたとえば、「三角形のイデア」とか「大のイデア」とかいった数学的な純論理的思考の領域でのイデアを、端的に「概念」、すなわち「関係的なもの」と読み、これを〝万物の根本原因〟にまでつなげようとするのは不適切だと考えた。プラトンのイデアは、個々の事物をまとめて共通理解を可能にするものとしての「概念」や「理念」としてなら理解可能だが、彼はこれを諸事物の存在原因というところにまで引き延ばしている。「原因」という以上、イデアが万物をどのように〝生み出し〟、またどのようにその生成や変化をつかさどっているかを説明する必要があるが、イデア説にはそのような説明はない。

また、プラトンはイデアを事物の存在の原因であるとともに「善それ自体」としておいたが、この関係も明瞭ではない。事物存在と人間の存在の関係をつなぎうるものとしては「目的」という概念が必要だが、プラトンはこのことをはっきりとは理解していない。

要するに、プラトンのイデア説は、これまでのさまざまな「原因」説の統合の試みだったといえる。だがプラトンは、事物の存在の「原因」と呼べるものと、徳や美など、精神的存在の「原因」と呼べるものを十分区分しなかったために、最上位の「善のイデア」の下に、これに〝あずかる〟ものとして諸徳のイデアや事物のイデアをおいて統合を図るという形をとった。そのため、その説明様式は検証もできず、論理的にもあいまいなものとなった。ざっといえば、アリストテレスのイデア理解はそういうものである。

こう書くと、現代的な感覚からはこの批判はきわめて妥当なものに見えるかもしれない。

しかし、この批判の軸になっているのはあくまでアリストテレスの「原因」という観念である。そしてアリストテレスの「原因」の観念はきわめて「合理主義的」な性格をもっている。アリストテレスでは、何か事物が存在するかぎり、その存在の「原因」は、材料があり(=質量)、原型(モデル、設計図、概念)があり(=形相)、さらにその存在の「生成」の原因者(机なら創作者、花なら種子)と創作の営為(実践活動)がある、というかたちで考えられているからだ。そしてこの場合「原因」の観念は、いわば近代科学における「原因-結果」の考えとほぼ重なっているのである(ハイデガーが示唆したように、これによって彼の「目的因」も、「〜するための」という合理主義的系列の中に置き入れられる)。

そして最終的にアリストテレスはこう考えた。個々のどんな事象の存在もその「原因」をもち、また原因-結果の系列をもつ。この系列をどこまでも追いつめると、必ずそれ以上遡れないいちばん始めの根源的原因にまで行きつくはずだ。プラトンの「善のイデア」はおそらくそのことの表現にちがいないが、イデアの考えではこの「原因」という概念があいまいになって死んでしまう。それをはっきり保持しつつ「根源的原因」にいたるには、イデアではなくむしろ、究極原因としての「神」の存在を考えた方がよい……。

さて、四因の整理によって、アリストテレス自身は、プラトンの理念をよく受け継ぎ、さらに発展させたと考えた。だが、じつはこの論理的な整理によって、両者の「原因」の観念はまったく異質なものになったのである。

アリストテレスの四因の考え方はなかなか興味深い。これはいわば、世の中でおよそ出来事の「原因」と呼ばれるものをすべて集め、その性格を詳しく分類した上で、そこから核になる要素を注意深く取り出したものである。結果として、その「原因」の観念は、「能動」と「受動」、「可能態」と「現実態」といった概念に媒介されることになる。これは、あるものがこうあるのは、そのように働きかけたものがあるからだとか、あるいはまた、一つの結果がある以上必ずそうなる理由や原因がそれ以前に存在していたはずだ、という連関を意味する。

ここから、アリストテレスは、ある創作者が何らかの力によって諸事物とその摂理を創作したという世界の根本イメージを描いた。世界の根本原因は「創作者」かつ「不動の動者」としての「神」なのである。何かが存在するということは、必ずそれ以前に、材料と、企画と、作為者と、その意図があったのでなくてはならない。四因の考えはそういっている。自然もそのような制作活動の結果である。したがって、「原因－結果」の系列は、意図、制作、実践、自然の力動関係などを基本の連関としてもつ。

これに対し、プラトン（ソクラテス）の「原因」の観念は、このような実践と力動の因果連関を、いわば価値論的に視線変更することで得られたものだといわなくてはならない。

すでに『パイドン』で見たように、ソクラテスは長くあの「原因」（アルケー）の問題を考えつづけた挙げ句、「火」や「空気」、また「愛と憎」といった伝統的な「原因」の考え方をいわば廃棄して「イデア」の考えにいきついた。それはこんな具合にいわれていた。

いまわたしがここに座っていることの「原因」を何といえばいいか。従来の言い方では、わたしの骨や肉や腱やそれらのものの適切な結びつき（＝連関）が、わたしをしてここに座らしめている、ということになる。しかしそのような「原因」なら、任意のものを無数にもちだすことができる。自分としてはむしろ、わたし自身が、自らの身を案じて逃げ出すことより国家の定めたルールを守ることのほうが正しくかつ善きことだと考えている、ということを、その真の「原因」と呼びたい。そうソクラテスはいうのだ。

そして、この答えの延長線上に、善であることこそがあらゆるものを一つに縛りつけており、万物の必然性を作り出している、という考えが導かれる。

これはつまりどういうことだろうか。

アリストテレスは「原因」を探究して従来の一切の「原因」説と呼べるものを整理し直し、それまであいまいだった「原因‐結果」という概念の合理的な核を取りだした。そして、作用‐反作用、能動‐受動、可能性‐現実性、意図‐実践、といった連関がそこに含まれていることを明らかにし、そしてこれを統合して、「神」という根本原因および「最高善」という究極原因を頂点とする諸原因の連関の体系を作り上げた。

　プラトンの思考は、これとは違っている。

　何がある事物の「原因」といえるか、と問うてみれば、じつは観点を変えることでどんな答え方でもできることがわかる。そうであるなら、事実上のあるいは論理的な「原因‐結果」の連関をどれほど詳しく追いつめても、それを真の「原因」と呼ぶことはとうていできない。それならどう考えればいいか。

　哲学者たちがかくも熱心にものごとの「原因」を探究してきたその理由は何か、と問うべきではないだろうか。人々はさまざまなことがらの「根本原因」を問うてきた。だが、それはなぜか。どこからその問いの動機と情熱が現われたのか。おそらく、「善く」生きたいとか「ほんとう」に触れたいという人間の欲求の本性が、それらの問いを作り出しているのだ。だとすると、真に探究すべきなのは、これまで哲学者が問うてきた「原因」それ自体であるより、むしろこの問いを動機づけている人間の欲求の本性それ自体ではないだろうか。

　おそらくこのような考えから、プラトンにおいては、自体的なものとしての「原因」の概念、いわゆる「因果連関」の概念の探究（アリストテレスが作用‐反作用、能動‐受動、可能性‐現実性、意図‐実践といった形で整理した）という発想は捨てられ、「善」なるものの「本質」を端的に捉えようとする新しい探究の道が開かれたのである。
『パイドン』で「ヌゥス説」に触発されたソクラテスはこう述べていた。「たしかにこの論からすれば、人間にとって本来考察するにふさわしいことは、その者自身についてであれ、また他の物事であれ、ただ、どのようにあるのがもっともよいかということ、つまりそのものにとって最高の善とは何かということ、だけなのである」（松永雄二訳）。

アリストテレスの四因の中に、「善」は目的因として勘定に入れられている。しかし、この四因の一つとして並列させられた「善」の概念は、プラトンでの〝探究すべきもっとも根本のもの〟としてのそれと、大きく隔たったものになっている。アリストテレスの「善」は人間をして「真理」や「ほんとう」へと問い向かわせるその根本のもの、という性格をもはや失っている。それは、人間の生の営みが必ず「目的」や「目標」をもつものである以上、この「目的」や「目標」に応じてさまざまなことがらが「善い」と「悪い」という価値として現われる、という事態を指している。したがって、アリストテレスにおいて「善」はいわば世界を構成する諸原因のうちの「目的」という〝一要素〟である。つまりそれは、事物の素材や、事物に与えられる定義（概念）や、世界を根源的に動かす力などと並んで、「原因」と呼ばれるものの一つなのである。

アリストテレスの「原因」概念の説明は一見きわめて合理的である。しかし、たとえば彼の「神」の概念は、あらゆることがらに「原因」がある以上、その系列を遡ってそれ以上遡行できない「最後の原因」があるはずだ、という推論からえられる。これは、後にスコラ哲学において、「神の存在論的（本体論的）証明」と並んで「宇宙論的証明」と呼ばれる〝証明〟の原型にほかならない（このような神の証明は、トマス・アクィナスやライプニッツなども行なっている）。だが、あらゆるものに「原因」があるかぎりそれ以上遡れない究極の原因があるはずだという一見合理的な推論は、カントが示したように明らかな誤謬推理である。これもまた、ゼノンのパラドクスで見たような論理の実体的使用による逸脱の一例なのである。

プラトンの「善」の概念は、たしかに論理的な矛盾やあいまいさを感じさせる。しかし、繰り返しいうとそれは、「原因」の観念についての一つの根本的な視線変更からもたらされたものだ。

ちょうどアリストテレスにおいて「神」がその位置にくるように、プラトンの「善のイデア」もまた諸「原因」の系列の最後に位置する。しかしそれは、事物の存在や動因についての論理的な「因果」の系列として〝最後に位置する〟のではない。プラトンは、そもそもなぜさまざまな「原因」の観念が現われるのかと繰り返し問うた。そして、じつは「原因‐結果」という視点それ自体が、人間がつねに世界をある観点から眺めることから生じたものではないだろうか、と考えた。彼の「善」とは、いわばおよそ諸観点を作り出すその当のものを意味する。

アリストテレスにおいて「善」は、「四因」の一要素としての「目的」因を〝言い換えた〟ものだ。しかしプラトンにおいて、それは「原因－結果」という〝理由や根拠を問おうとする〟視点それ自体を生み出すものである。「原因－結果」「構造－動因」「認識－対象」、これらは決してそれ自体として存在するのではない。それは、根本的にはある価値論的公準、つまり、何が有用とか、何が害か、何が大事か、といった〝有意義性〟の連関の系列として可能になる。この連関の中で事物ははじめて「観点」として現われる。そしてこの公準は、決して他の「因果」の公準と並列的に並べることができない独自の意味をもっているのである（近代哲学ではじめてこのことに気づいたのはカントではなくヒュームであり、ニーチェやハイデガーがこの考えを推し進めた）。

こうして、プラトンが「善のイデア」という概念でさしあたり示しているのは、「何が事物の根本原因か」ということの答えではなく、およそ人間が世界の諸事物を「原因－結果」という観点でとらえうるその根拠なのである。

プラトンの「善」の概念の内実にさらに踏み込むために、わたしたちは、『国家』における、「善のイデア」についての二つの「比喩」について考えてみよう。

4 「太陽の比喩」と「洞窟の比喩」――「善のイデア」とは何か

『国家』は、人間の「魂」のありかたを中心的テーマとして「国家」における政治制度の理想を論じたもので、プラトンの代表的著作の一つである。グラウコン、アデイマントスといった若者たちが「正義」について鋭い質問を投げかけ、ソクラテスがそれに答えるという形で進むが、まずはじめに出てくる若者たちの問題提起が非常に興味深い。

まず「正しいこと」とは何かという問いに対する一般的見解、「友には益（善）を、敵には害（悪）を」に対して、ソクラテスの「正義とは、悪を善に変えることである」（悪い人間を善い方向に導くこと）という考え方が示される。現実主義者トラシュマコスはこのソクラテスの意見に疑問をもち、じっさいには「不正な人間の生活のほうが、正しい人間のそれより幸福ではないだろうか」、という異議を唱える。

そこでソクラテスは、「正しい人が優れているだけでなく、幸福でもあること」を〝論証〟してみせようとする。この論証の要点は、「不正」は国家や社会や友人関係、仲間などの間に、不和や憎しみや戦いを作り出さずにはおかない、という点にある。そう説得的とはいえないが、一応トラシュマコスの説はこれで退けられる。

つぎにグラウコンが新しい問いを提出するが、これが大変魅力に満ちたものだ。

――ソクラテスよ、あなたはいま、正しい人間のほうが結局は幸福を得るのだということをわれわれに示そうとした。しかし、わたしとしてはそれ以上のこと、つまり、「正義」はほんとうに、それがもたらす報酬にかかわりなくそれ自体として優れたものであるのかどうかを知りたい。そこでわたしは、いまあえて「不正な生」を讃えてみるので、どうかこれに決定的な反論を加えて、「正義」がそれ自体として善きことであることをわれわれに納得させてほしい――。

こうしてグラウコンは、「ギュゲスの指輪」という物語をソクラテスに聞かせる。

リュディア王に仕える羊飼いギュゲスは、あるとき、それによって自由に自分の姿を消すことのできる不思議な指輪を見つける。彼はこの指輪の力を使い、まず王の妃と通じたのち、妃と共謀して王を殺し、まんまと王の座をわがものとする。

――さてソクラテスよ、この物語は、どんな善良な人間でもひとたびこのような万能の力を手に入れたなら――どんな行為をしても誰からも咎められないのだから――むしろまったく不正をしないでいることのほうが困難だということを、よく物語っていないだろうか。そこでさらにこう考えてみる。片方に、最も正しい生き方をしているのにまったくそのように評価されない人間をおき、もう一方に最も不正なのに周りからはきわめて正しい人と見なされている人間をおく。そして、それでもなお、われわれが心底「正しい生き方」を選べるかどうかを考えてみるとどうだろうか——。

プラトンはグラウコンの異論を通して、ここで二つの重要なアポリア(=難問)を提出している。

一つは、「自己中心性」のアポリアである。

エマニュエル・レヴィナスは主著『全体性と無限』でこれを取り上げ、この物語は「徹底的な自我中心性の可能性」を象徴している、という卓抜な表現を与えた。人間の自我(=自己)は、もしもそれを押し止める外的な要因(他者の批判)がなければ、あくまでも自己中心性を貫こうとする本性をもっている。だとすると、「正しい行為」とは、あくまで人が社会生活を生きる上での共存や協調の必要性から出たものであって、それ自体善きものであるとはいえないものではないだろうか。これがグラウコンが「ギュゲスの指輪」の物語に込めた寓意である。

もう一つは、「徳福一致」のアポリアだ。

世の賢者たちは「正しいことをなせ」という。しかし、「正しい行為」(徳)がその人間の「幸福」とは何の関係ももたないとしたら、一般の人間にとってはたして「正しいこと」をなす内的な動機が存在するだろうか。さきのアポリアですでに、「正義」がそれ自体善きものだということが疑問視されているのだが、仮にそれが何らかの形で保証されたとしても、もし「徳福」の一致がないのだとしたら、そのことは人々から「正しいこと」を行なわせる意欲をいっそう奪い取ることになるだろう、と。

ソクラテスは、グラウコンたちの問題提起を聞き、その問いが核心をつくものであるのを認めて大いに喜ぶ。そして、この難問に対してどのような答えが可能かくわしく検討してみようと述べて、このあと長大な『国家』一篇が展開されるのである。

この二つのアポリアは、さしあたって「善のイデア」の問題とは直接の関係はない。しかしプラトンが『国家』のはじめにこのような二つのアポリアをおいていることは、彼の思想家としての卓越性を非常に強く感じさせる。わたしの考えをいえば、プラトンは『国家』においてこの問題に十分納得のいく答えを与えているとはいえない。しかし、彼がこのアポリアを明瞭に自覚していたこと自体が、大きな意味をもっている。というのは、このアポリアは、この謎が解けなければここを通る資格がないといって立ちふさがる「正義」や「善」という観念にとっての最大の試金石としてのスフィンクスだからだ。つまりそれは、「正義」や「善」の観念がこの試練を深くくぐることではじめてナイーブなロマン主義や権威的道学たることから脱しうる、そういう根本的なアポリアなのである。

ちなみにいうと、このアポリアは、『実践理性批判』のなかでカントが「徳福一致」のアポリアとして本格的に提示し、さらにこのカントの答えを徹底的に批判するヘーゲルによって、きわめて自覚的なかたちで思想化されることになる。

さて、『国家』には、「善のイデア」について教える二つのよく知られた比喩がある。「太陽の比喩」と「洞窟の比喩」である。『国家』それ自体は、理想の国家は「哲学者＝王」によってのみ可能であるという命題を軸とするプラトン政治論をもう一つの大きなテーマとしている。だがこのテーマについては最後の章でまとめて扱うので、ここでは「善のイデア」に関係するこの二つの比喩について考えてみることにしよう。

「哲学者＝王」とは、統治者がその政治統治の最高理念としての「善」の本質を深く知る人間であるときはじめて理想の国家がありうる、という考え方だが、では「善」の本質とは何であるかという問いから、本格的に「善のイデア」とは何かという主題が展開されることになる。ソクラテスの口を通してプラトンは、この問いに対してよく知られた卓抜な比喩で答えるのだが、まず一つが「太陽の比喩」である。

ソクラテスはこういう。

――「もろもろの美しいもの」と「美そのもの」があるとして、前者は見ることができるけれど思惟によっては知られない。後者はその逆で、知ることはできるが目で見ることはできない。これに似たものをあえて喩えでいえば、事物と光の関係を考えればいい。光は事物を見えるようにしているものだが、それ自体は見ることができないものだからだ。ところで、この光の根本の原因となるものは「太陽」以外にはない。そういうわけで、もろもろの美しいもの（あるいは善きもの）と、それらがそれにあずかって美しく（善く）ありうる「美（善）そのもの」との関係は、事物とそれを照らす太陽の関係になぞらえることができる——。

それでは、このように、認識される対象には真理性を提供し、認識する主体には認識機能を提供するものこそが、〈善〉の実相（イデア）にほかならないのだと、確言してくれたまえ。それは知識と真理の原因（根拠）なのであって、たしかにそれ自身認識の対象となるものと考えなければならないが、しかし、認識と真理とはどちらもかくも美しいものではあるけれども、〈善〉はこの両者とは別のものであり、これらよりもさらに美しいものと考えてこそ、君の考えは正しいことになるだろう。（『国家』藤沢令夫訳）

ソクラテスはまたこういう。太陽は事物が「見られること」を可能にするが、また生けるものを生成させ、養い、育みもする。だから、それは、事物の「認識根拠」であると同時に、その「生成」の原因であるともいえる、と。

この太陽の比喩でプラトンがいわんとする要点をとりあえずまとめるとこうなる。

① イデアとは（それ自身が認識の対象となるが）、事物の「何であるか」の根拠であるとともに、それが認識されうることの根拠でもある。つまり、諸対象の「真理性の根拠」であると同時に「認識根拠」でもある。

② さらにイデアは、事物の「認識根拠」であると同時に、事物の「存在根拠」（＝生成の根拠）でもある。

「善のイデア」とは、「太陽」のように一切の事物を照らし出すものであるとともに、一切の事物を養い育てるという理由で、万有の存在の根本的な「原因」、「認識根拠」であり「存在根拠」でもあるとされている。もちろん、これだけで「善のイデア」の内実が十分に明らかになるわけではない。プラトンはこれに続けて「洞窟の比喩」について語る。

洞窟の比喩は、アデイマントスの「教育」とは何かという問いに対して語られる。つまりそれは、人々に善き教育を与える「パイデイア」（陶冶）の本質を示すものだが、同時に「善のイデア」が何であるかについてを教える比喩でもある。

ソクラテスの話はこんな具合である。

――一つの長細い洞窟があり、Aの地点には囚人たちが、子供のときから手足を縛られてただ前方しか見ることができないような仕方でいる。彼らの後方Cの地点には「火」が燃えている。その中間地点Bには衝立があり、その後ろには人がいて、ちょうど操り人形のように木や道具やその他もろもろの事物の像を掲げて動かしている。するとPの壁には、さまざまな事物の影像が映ることになるが、囚人たちは縛りつけられているために後ろを見ることができない。そういう具合に想像してみよう。

この場合、この囚人たちは、もし一生涯頭を動かすことがなければ、壁に映る事物の影を本当の事物だと思い込むだろう。だが、もし彼らのうちで、後ろの光の存在に気づき、洞窟から出てこの光が見えるところまでいって事態の全体を眺めやることのできる人間がいたとすると、彼は自分がいままで本当と思っていたことが仮象にすぎなかったことを知るだろうし、そのときもう一度洞窟にもどり、他の人々を拘束の状態から解いて、真実を見るように促すだろう。

そして、もし人々が縛めから解き放たれて無知を癒されるとすると、そのとき、二度大きな目眩《めまい》を経験することになるはずだ。一度目は、縛めから解かれて後ろへ歩き出したときで、彼らの目は洞窟の入り口から射してくる光のまぶしさで眩むことになる。二度目は、

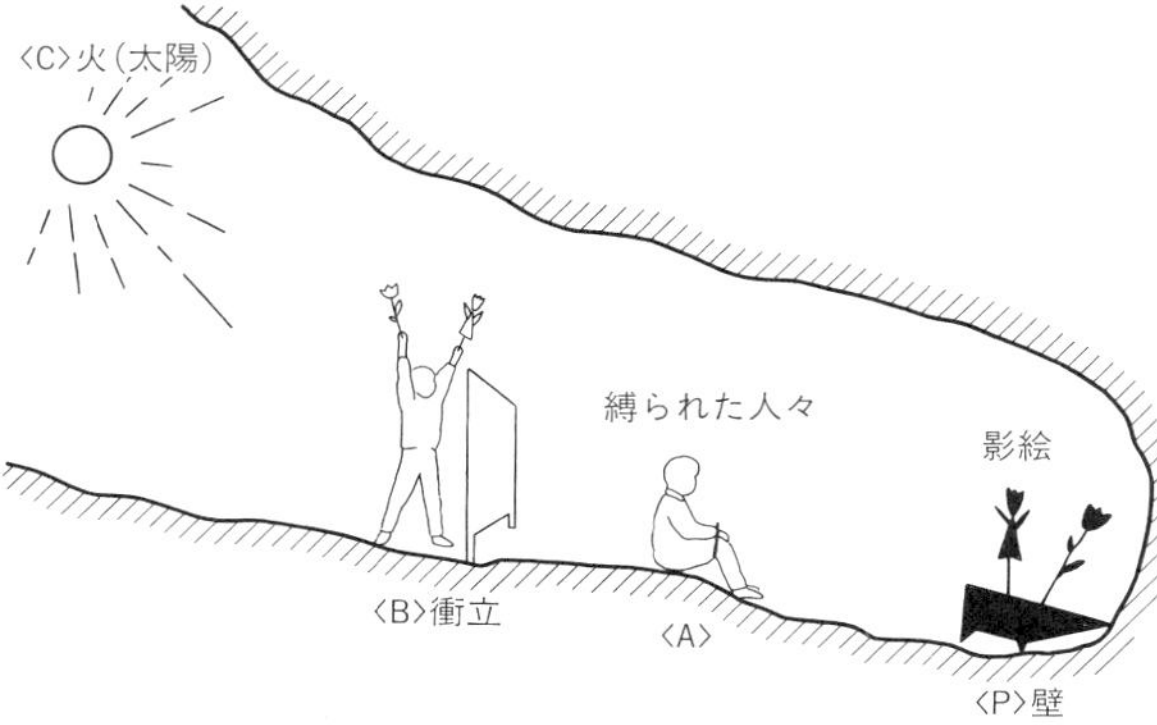

いったん輝く光を見たのち再び闇の中に戻ってくるときだ。この場合は明るい光に慣れていたためにあらゆるものが暗すぎるだろう。

さて、この二つの目眩の状態において人は、〝目が慣れる〟ということを体験する。そしてこのことが「パイデイア」、人が無知から解かれて善き認識を手にするということの本質をよく示している。

つまり「教育」とは、一般にそう思われているように、単に無知な人々の魂に知識を注入することではない。それはむしろ、縛られたままでいた人々の縛めを解いて彼らの目を光に向けさせる「向けかえの技術」にほかならない――。

さて、プラトンに批判的なラッセルは、この「洞窟の比喩」についてもきびしい批判を浴びせている。

彼によるとプラトン哲学の基本性格は、パルメニデスの「世界の永遠性」、ヘラクレイトスの「世界の仮象性」、そしてピュタゴラスにおける「あの世的性格」「神秘主義」を継いでこれを一体化した点にあるが、まずその政治の理想状態は天上的モデルであるという性格をもつ。また、「永遠の善」についての知者だけが政治支配者たりうるという点で独裁主義に結びつく要素をもち、哲学者のみが知りうる至上の「善」という観念もとうてい受け入れがたい。一切のものがその存在および価値を至上の善に負っている、という奇妙な説も、ピュタゴラス的な知と神秘主義の「融合」という性格を色濃く受けついでおり、しかも「その頂点においては、明らかに神秘主義が優越するのである」(『西洋哲学史』)、と。

この批判は、常識的な考えからは明快で、現代の合理主義的な観点からのイデア論批判の一典型である。だがもう一つ、現代思想における象徴的なイデア論批判を取り上げよう。後期の著作『プラトンの真理論』でハイデガーは、プラトンの洞窟の比喩を論じ、非常に精緻なプラトン批判を行なっている。彼一流の複雑かつ屈折したもので、全体のすじ道を簡単には要約しがたいが、批判の要点ははっきりしている。

ハイデガーによれば、プラトンのイデアには両義性がある。すでに見たようにまず第一に、イデアとは事物の「真理性」の根拠であること。ハイデガーはこれを、事物の価値的本質（＝真・善・美）としての「何であるか」を可能にする根拠を示したものとして評価する。第二にイデアは、この真理性の「認識根拠」でもあるとされるが、ここに大きな問題点がある。

　彼はこういう。もともとギリシャでは「真理」は「アレーテー」という言葉で呼ばれ、それは、ある事物の「何であるか」（＝本質）を、「隠れていたものを見えるようにする」ようなかたちで「露わにする」ことを意味していた。「真理性の根拠」としてのイデア説は、そのようなギリシャ的な「真理」概念の本源性をよく表現している。しかし「認識根拠」としてのイデア説は、逆にこの本源性を覆い隠すような性格をもつ。

　事物の真理性の「認識根拠」としてのイデアは、想起説に結びついている。人間は感覚からは事物の仮象しか受け取ることができないから、「真理」は超感覚的な「イデア」の想起によってのみえられる。つまり、仮象についての諸々の「思わく」ではなく、イデアについての「知性」（の弁証法）を通してだけ真理はえられる……。これが「認識根拠」としてのイデア説の柱だが、この考えによって、プラトンは世界を、超感覚的な存在としての「本質」の世界と、感覚的なものとしての「事物」の世界（＝自然世界）とに分割してしまった。

その結果は重大で、まず「真理」とは、この世を超えたどこかに存在する「本質」(つまり、イデア)とこの世界に現われている事象との「合致」という形で思考されることになった(近代においてそれは「主‐客」の一致、という形をとる)。さらにこの分割によって、世界についての思考は、質料としてのピュシス(自然)についての考察と、メタ・ピュシス(超自然)についての考察とに分けられてしまった。アリストテレスもまたこのプラトン的分割を受け継ぎ、まさしくここに「形而上学」(メタフィジーク)の伝統が創始された。

形而上学の根本性格はこうして、一方で、超感覚的世界にこそ「本質」が存在するという神学的構成であり、もう一方で、「真理」とは事象とその「言表形式」との「一致」である、という「主‐客」一致の認識論である。この「真理」概念は、自然を無機的な客体として捉える近代的技術主義の源泉となり、人間的「価値」によってすべての存在の「何であるか」を規定する悪しき意味での「ヒューマニズム」(人間中心主義)の源泉となった……。

さて、このようなハイデガーのイデア批判は彼自身の真理概念である「アレーテー」自体がやっかいなので、そう簡単に全体を見渡せるようにはなっていない(これに関しては、拙著『ハイデガー入門』を参照)。しかし批判の核心点はある意味でシンプルである。

たとえば丸山圭三郎のつぎのような文章は、ハイデガー的な反＝プラトン主義の文脈をよく伝えている。

まず、第一に、近代科学・合理主義と、キリスト教と、プラトン以降の西欧形而上学の三者に通底するものは何か。これは、神の姿に似せられて創られたとする人間至上主義であり万物の霊長観であり、その背後にある〈自然観〉と〈コスモロジー〉(＝宇宙の創造原理)である。ニーチェが「神は死んだ」といった「神」は、さしあたりキリスト教の神ではあっても、その内実は「世俗化されたプラトン主義」であって、これこそ形而上学的諸価値のシンボルにほかならなかった。形而上学すなわちメタフィジークは、メタ・ピュシス(超・自然)である。この学の発生そもそもが、事物に形(＝形而)を与え存在者に仕立てあげる形成原理としてのイデア(形相《エイドス》)に対して立てられた客体としての自然すなわちマテリア(質料《ヒュレー》)という実体論的二項対立にもとづく世界観によっているのである。このような形而上学的発想のもとでは、ソクラテス以前の〈生成〉としての自然《ピュシス》(＝「成る」原理)が、それ自身は無機的・無構造的質料としての自然《ナトゥーラ》(＝「作る」原理)におとしめられてしまい、こうした機械論的な自然観が科学・技術的文明を支えてきた事実は、古代・中世の有機体論的モデルが一方にあったとはいえ、いわゆる表街道の流れとして否めそうもない。(『記号学批判——非在の根拠』あとがき)

ここに見られるのは、まず一つは、感覚的なもの（具体的な存在）の〝背後〟（超感覚的世界）に、その本体としてより「真実なもの」を想定したことへの批判である。そしてもう一つは、この二元論が、本来一体のものであった世界（ピュシスとしての自然）を質料（マテリア）と形相（イデア）とに分割し、そのことで自然世界を生命のない無機的な物質としての合理的秩序に再編した、という批判だ。

すでに触れたように、丸山圭三郎がここで敷衍しているようなハイデガーの批判は、近代の理性主義と技術主義こそが、植民地戦争や世界戦争という歴史的惨禍の元凶であると考える、ヨーロッパ知識人の反＝近代主義、反＝ヨーロッパ主義によく響きあうものだった。そのため、現代的なプラトン批判ではこの批判は根強い影響力をもっている。さらにいえば、ハイデガーのプラトン批判は、感覚的世界と超感覚的世界との分割という二元論が哲学の彼岸的な神学性を生み出したという点ではニーチェのそれと重なるが、「存在」それ自体への探究を忘却しているという点でプラトンとニーチェを重ねて批判するものであり、ここでニーチェの批判と一線を画している。

ともあれ、これらイデア説批判の大きな要点は二つである。一つは、この世界のかなたに「超感覚的な本当の世界」があるという考えへの批判、またここに真理の絶対的源泉であると同時に究極的到達点（善のイデア）があるという考えへの批判。見てきたように、このようなプラトンの真理の彼岸主義、究極主義が、キリスト教からヘーゲルへといたるヨーロッパの神学と形而上学の、また観念論と普遍主義の源泉となったというのが現代的プラトン批判の通説なのである。しかしそうだろうか。

5　「善のイデア」とは何か──〝知ること〟の本質

いま、「太陽」と「洞窟」の二つの比喩に現われているプラトンの考えを、大きく三つに分けて考えることができる。

一つは、①影（仮象）とその本体（諸イデア）の関係。

つぎに、②哲学者（フィロソファー）と大衆という関係。

最後に、③知ること（パイデイア）の根源的根拠としての「善のイデア」。


まず①の「影（仮象）とその本体（諸イデア）の関係」から見よう。

フランスの思想家アランは、『プラトンに関する十一章』でこう述べている。ここに木製の立方体があるとする。私はそれをさまざまな視点から眺めることができ、また任意の仕方で触ったり持ち上げたりできる。しかし、じつはどのような観点をとってもこの立方体を「その全き姿において見ることのできる」中心点は存在しない。ところが、「言葉《ロゴス》でもって、立方体をその全き姿のままに構成することは可能である」。プラトンがわれわれの直接的な感覚を「影」に喩えるとき、そこにはこのような事態への洞察が含まれている、と。

アランのこの見解には、現象学的還元の発想と深く重なり合う点があって驚かされるが、おそらく彼の直観は正しい。

人間の感覚は仮象にすぎず、その本体がどこかに存在する。多くのプラトン批判はこの考えを「二世界論」的な発想だと考え、また、それは具体的なものと理念的なものの関係を顚倒させているという。しかしすでにプラトンの思想のモチーフを追ってきたわたしたちの観点からは、ここに神秘的な要素や形而上学的要素は存在しない。

わたしの考えをいえば、プラトンが「仮象と本体」という比喩で示そうとしていることの核心は、人々が、諸々のことがらについてさまざまな意見（＝「思わく」）、異なった信念をもっているという事態をどう理解するか、という問題なのである。

つまり、これは、近代哲学でまさしく「主観 - 客観」の認識問題として考えられてきた問題の核と重なっている。「主観 - 客観」問題の中心点は、よくいわれるように単なる客観的認識の可能性ということではありえない。近代に入って、それまで自明とされていたヨーロッパのキリスト教的世界像が、大きく揺らぐことになる。まず神学的世界像と自然科学的世界像の対立が生じ、つぎに新教と旧教の対立が生じ、さらに異文化の世界像が意識されるようになる。ここで現われたのは、世の中にさまざまな信念が並列し、それぞれが自己の「真理」を主張するという事態だが、ここからいかにして認識の普遍性を取りだしうるかは容易ではない。すでに見たようにアテナイの衰退期においてプラトンが直面していたのもまさしくそういう事態だった。そしてプラトンが「影と本体」という比喩によって示そうとしているのは、そのような「認識論のアポリア」なのである。

またこの問題は、アランが正しく見ぬいているように、人間の感覚が必ず事物のある側面だけしか捉えることができず、その全体像あるいは総体を決して一挙には把握しえないという事態と本質的に相似形をなしている。現象学的にいうと、感覚は「射映」というあり方においてのみ成り立ち、だからそれ自体はたえず変化するものでしかない。しかしそのことは、現象としては「射映」として現われているその「当のもの」の現実存在を疑わせるものではない。

ヘラクレイトスの世界の「生成変化」とパルメニデスの「一」という対立は、このように考えるともっとよく理解できるものになる。現象学的還元の方法はこのことを明瞭に教えるが、アランの直観はまったく正確なのだ。

もちろん、「仮象と本体」という図式はそれだけでは認識の普遍性の問題を十分に解くものではない。ただここで重要なのは、この図式の意味するところが決して「二世界論」的世界像の表現ではなく、世界の「原因」についての異論や、「諸徳」についての信念の対立の問題を解くためにどう考えればいいか、という「問題」の提示だということなのである。

つぎに②の「哲学者と大衆」について。

「パイデイア」(=陶冶)、すなわち、人が無知から解かれて善き認識を得るということの本質は何であるかと問い、プラトンはこれを、哲学者(フィロソファー)が、人々の縛めを解いて彼らの目を光に向けさせる「向けかえの技術」だと答えた。この比喩が、「真理を悟った哲学者と無知な大衆」という構図と表裏一体のものであることは明らかだ。さきにわたしはこの問題についてのラッセルの批判を引いたが、エラスムスは『痴愚神礼賛』でこんなふうに書いている。

弁舌の名人がいて、この男は妻にまがいの宝石をこの上なく高価なものと信じさせ、そのことで妻は感激と幸福を得る。本人もおおいに満悦する。さてプラトンの洞窟の話では、賢い哲学者が愚かな人々にむりやり真実を見せようとするのだが、物の影像を見て満ち足りている人と、真実を見るために苦労する賢人とどちらが幸せか、はたして誰が確信をもっていえるだろうか、と。

エラスムスの批判は、そこに大衆蔑視を読むというより、真実を知ることと「幸せ」であることの不一致を示唆するもので、いかにも彼らしい機知に富んでいる。だが、さきに、「影と本体」という構図の思想的力点が個別の信念と認識の普遍性という問題として示されたように、これを思想の問題として考えればどうなるだろうか。

おそらくそれは、思想(＝哲学)の、つまり本質的な「知」の、存在理由という問題を示しているのである。

もともと洞窟の比喩の話は、アデイマントスがソクラテスに向けたつぎのような哲学への疑念がきっかけになっている。

――ソクラテスよ、あなたは確かに弁論の名手で、自分はあなたの巧みな哲学的弁論にすぐには反論できない。しかし私は、哲学を志す多くの人間が、しばしば正常な人間のあり方からかけ離れていくこと、概して抽象的な議論には長けているが、自分のなすべき具体的な仕事や家庭や友人たちとの間で果たすべき人間としての義務という点で、またポリスに対する責務ということに関しても、ほとんど実際的な役には立たない人間になる、ということを多く見てきている。またこのことは、哲学に対する私だけの偏った意見ではなく、現に多くの市民たちが認めている事実ではないだろうか――。「パイデイア」の本質にソクラテスが洞窟の比喩で答えるのは、このようなアデイマントスの疑念への応答としてである。この疑念は、『ゴルギアス』におけるカリクレスの批判と重なり合うものだが、さしあたりプラトンはソクラテスにこう答えさせる。

――なるほど、人々のいうように、哲学者は現実的な面で無力な者に見えることがある。だがそれには理由がある。いったん外に出て再び洞窟に戻ってきた愛知者（フィロソファー）たちは、真理の明るい光に慣れている。だから彼らは人々が確固たる現実と考えている影絵の世界にうまく適応できない。彼らがしばしば役立たずの人間に見えるのはそういう理由なのだ――。

さらにソクラテスは、国家を大きな船に喩えてこういう。

――国家社会は一つの大きな船のようなものだが、自己利益のみを求める多くの人々がそれぞれ船の支配権を握ろうと競い合っている中で、どうして船は正しい方向へ進むだろうか。哲学者は自己利益の観点からではなく、この大きな船全体の観点から、善き方向へ船を導く優れた技術としての知識を身につけている人間なのである。そしてこの知識の根本は、ただ一つ、彼が「善のイデア」を見たことがあり、その存在を知っているということにほかならない――。

哲学の存在理由はある。それは人々の目を向けかえて「善のイデア」の存在にその注意を喚起し、またそれについての「知」を与えることで、国家社会を全体として「善き」方向に進めていくことだ。そうプラトンはいう。しかしもちろん、この答えだけでは、哲学の存在理由に対するアデイマントスの疑念に十分答えているとはいいがたい。

ここで注意すべきは、この「洞窟の比喩」全体が「パイデイア」(=陶冶=教育)の本質を教えるためのものだということである。プラトンはここで、一体何を、「陶冶」、若者がさまざまなものごとを知ってその知恵を育てていくことの「本質」であるというのだろうか。わたしの考えでは、真理を知った愛知者のみが人々に真の知恵をさずけうるというのがその力点ではなく、「知」はそれが「真の知」であることの根拠をただ「善のイデア」の知においてのみもつということ、言い換えれば、知が普遍的でありうることの根拠は「善の本質」の理解という点にある、ということなのである。

ここで問題の核心は二つある。一つは、知が普遍的であるとはどういうことか、ということ。もう一つは、知の普遍性の根拠が「善のイデア」(善の本質)にあるとはどういうことか、ということだ。

まずはじめの問題についてのプラトンの考えはこうだ。「パイデイア」、学習すること、教養を積むこと、ものごとを考え、よき知恵を身につけることの「本質」とは、人が社会を渉っていく上でそのつど利用可能なさまざまな知識、情報、技術等々を身につけること、ではない。また自分の意見（思わく）を他人に説得する技術としての弁論や修辞の習得という点にもない。その核心はただ一つで、どう考えれば個人的な信念としての「思わく」を超えて真の知に近づきうるかについての、本質的な「知識」を身につけること、これだけである、と。

世の多様なしきたり、情報、技術に関する知識の習得、プラトンはこれらを「経験」とか「迎合の術」と呼び、さまざまなことがらについての「意見」（＝思わく）とともに、ものごとの本質的な知としての「知識」と区別する。大雑把にいえば前者は洞窟の壁に映った「影」の知であり、後者は影を作り出すもろもろの「イデア」の知だ。この区別は執拗に繰り返され、少しあとのこれもよく知られた「線分の比喩」でもっと精緻に行なわれる。「線分の比喩」についてここでは詳述しないが、その要点は、ちょうど個々のばらばらな印象に対して事物全体の実像（感覚像）がより普遍的な像として存在するように、人間の感覚による認識に対して、「悟性」や「理性」によるより普遍的な「知」が存在するという点にある。

こうしてプラトンがいわんとするのは、なにより、〝本質的な知〟のあり方とソフィスト的、あるいは処世術的な知のあり方を区別せよということだ。「教育」ということが結局処世の知識や弁論術の習得にすぎないのであれば、それは、ただ自分の利益だけを追求し、自分の思わく（意見）を巧みに押し通すための技術ということに帰着する。もしそうであれば、そもそも〝よく〟知ること、とか、真の知、という言葉じたいが無意味なものになる。しかしそれならなぜ、ただ「都合のいい」とか「便宜な」とか「ふさわしい」といった言葉だけではなく、「よい」とか「ほんとう」という言葉が、われわれのうちに動かしがたいものとして生きているのか。〝本質的な知〟というものが、世間の俗見に反して必ず存在する。もし、そのような知のあり方がなければ、そもそも思想とか哲学といったものの存在理由がなくなる。哲学とはそのような意味での「知」をつかむための思考の方法である。プラトンがアデイマントスの哲学者不要論に対して答えようとしているのは、このようなことなのである。

さて、もう一つの、そして最も重要なポイントは、愛知者が個々の信念（思わく）を超えて「本質」的知をとらえうるその根拠として、「善のイデア」が考えられているということだ。

さまざまな知の究極の根拠が「善のイデア」にあるとされること、これがおびただしく存在するプラトン批判の最大の論拠である。だが、わたしとしては、まず、この一切の知の根拠をプラトンが、「真のイデア」ではなく「善のイデア」と呼んだことに、重要な意味があると考える。そしておそらくこのことは、プラトンのいう「真なる知」が、「全知」や「絶対知」ではなく「普遍的な知」を意味していることをよく示しているのである。なぜだろうか。

あらゆる「イデア」の存在を背後から照らし、それらをそのイデア（本質）たらしめている根本的な根拠をプラトンは「善のイデア」と呼んだ。これは一般には、「善のイデア」という「究極の真理」があり、そこから下位の諸真理がいわば〝流出〟されて存在している、というふうに理解されている（プロティノスの新プラトン主義は、まさしくイデア説をそのように改竄したのだが）。しかしプラトンの真意はおそらくこうだ。

「慎み深さ」とか「勇気」とか「友情」といった諸徳があって、しかもそれについての人々の考えはみな食いちがう。もしその食いちがった意見からより「正しい」（＝普遍化された）意見を取り出そうとするなら、その方法は一つしかない。つまり、「慎み深さ」「勇気」「友情」それ自体が何であるかと考えるのをいったんおいて、それらを〝徳〟たらしめている本質を考え、そこからそれらの言葉をもう一度照らしかえしてみる、という方法である。そしてこのとき決定的に重要なのは、諸徳を〝徳〟たらしめているその共通本質は「善」であるということ、言い換えれば、「善いとはいったい何であるか」についての本質的な知だけが、諸徳の本質を普遍的なものとして取り出すための唯一の根拠だということである。諸「イデア」のその背後に、光源としての「善のイデア」があるとはそういうことにほかならない。

たとえば、『功利主義論』で卓越した正義論を展開したJ・S・ミルは、そこでこう書いている。何が正しいかについては、多くの意見がある。「正義の観念が国民により個人によってちがうばかりではない。同じ一個人の心中でさえ、正義は単一の準則、原理、格率では」ありえない。だから「正義」という観念を、人間のなすべき行為の最後の準則や原理と考えるわけにはいかない。そこで、大事なのは、さまざまな「正義」の観念から、それを支えるより深い根拠を取り出す試みである。この問題が、「正義の根底にあってその権威の源泉となっている諸原理まで掘り下げられないならば、わたしには、どの論者をも反駁できるとは思えない」（伊原吉之助訳）、と。

ことがらを〝普遍化〟するとは、つまりこのより深い「諸原理」を取り出す思想の努力の謂《いい》であって、ある思想を権威化し絶対化することとは無関係なのである。そしてミルは、この試みにおいて、政治や政策のありかたの「正しさ」（正当性）の観念の根拠を「功利」という概念に見た。ベンサムやミルの「功利」の概念はいまは誤解に満ちた批判を受けているが、たいていの場合それらの批判よりはるかに本質的な思考を示している。

ミルはこういう。世の中には、平等主義や福祉主義や王制派や道徳派といった、いろんな政治的理想がある。これらはさまざまな「準則」から自分こそもっとも「正義」であるという。だがこれらさまざまな「準則」のより深い根拠を取り出してみるべきなのだ。するとどうだろうか。おそらく「功利」という言葉をそこに置くことができる。自分は「功利」、つまり、社会の構成員の総体にとって利益になる（すべての人にとって「よい」）、という原理以外には、政治のありかたの「正しさ」の普遍的な基準というものは存在しないと考える。「正しさ」（＝正義）という概念は、多くの人が考えるようにそれ自体が何か〝実体的な徳〟としてあるのではない。じつはそれは、もっと深い基礎（よいこと＝功利）からその概念の本質をえているのである、と。

一見そう受け取ることはむずかしいが、プラトンの思考もまた同じ道すじをたどっている。「節制」「勇気」「友情」といった徳の本質が何であるかについて、人々の意見は必ずさまざまな違いを見せる。各人は自分の個別的経験からその「準則」をえるからである。もし人が、この問いをより深く掘り進めようと欲するなら、これら個別の「準則」を支えているさらに下層の基礎を取り出してみるほかない。そのとき必ず、「私にとって」「誰それにとって」「人々にとって」「これこれのことがらにとって」「生きることにとって」〝善い〟、というさまざまな連関が現われる。そしてこのことは、そもそも「善いの本質とは何か」という根本的問いにわれわれを導かずにはいない。つまりこれが、もろもろの「イデア」はその本質を「善のイデア」に負うているということなのである。

この事情を逆にいうこともできる。

わたしたちはここで、諸徳のイデア以外のさまざまな事物のイデアと「善のイデア」との関係についても考えることができる。

さまざまな事物はそれぞれに「イデア」（＝本質）をもっているといわれる。つまり、机の本質は「書いたり食べたりできること」だったり、家の本質は「住めること」だったり、体育の本質は「健康」であったり、また健康の本質は「幸福」であったりする。しかしこれらさしあたり諸徳とは無関係な個々の事物の本質も、じつはやはり同じ構造のうちにあることがわかる。「住めること」「健康」「幸福」ということは、それ自体が「最後の準則」ではない。「わたしにとって」「人間にとって」「生にとって」〝善い〟といったことが、それらの本質を本質たらしめる。

こうしてわたしたちは、プラトンの「善のイデア」という概念が、一つの独自の思想の表現であることを理解すべきである。すなわちそれは、「善い」ということの本質の深い理解だけが、諸徳の本質だけではなく、他の一切の事物の存在本質（＝形相＝それが何であるかを説明する根拠）を照らしうる、という思想である。プラトンが世の中の一切の事物がその存在と本質を「イデア」にあずかってもつと説いたのは、まさしくそのような理由による。

――「善のイデア」(「真のイデア」ではなく)こそ、一切の事物の本質(＝イデア)を照らし出すその根本的根拠である――。

この思想は認識や知の問題にとってあいまいで奇妙な考え方であるどころではない。さまざまなものごとがそれぞれの「本質」をもっていること、しかしそれらの「本質」は、つねに「〜にとってよい」という人間的な価値の連関からしか現われないこと。さらにまた、ものごとの本質について「知」が対立して争うとき、これを普遍化する原理は、ただ「〜にとってよい」という観点自体をより普遍化する以外にないということ。このような考え方は、近代以降のヨーロッパ哲学の歴史の中で、ヘーゲルやニーチェ、フッサールなどまできてようやく明確な形をとるにいたった、認識論上の深い原理なのである。

さらにもう一つ大事なことがある。プラトンにおいてこの「善のイデア」は、一切の事物の本質を照らす根拠であるとともに、人間の魂の欲望の真の対象として性格づけられている点だ。

繰り返していうが、知の普遍性とは、あらかじめ何らかの絶対的真実を設定し、一切の考えをここに帰着させるというようなことではない。それは、各人のさまざまな「思わく」(各人の準則)における食いちがいから出発して、そこに新しい共通了解を見出そうとする言葉の努力それ自体だが（じっさい言葉なしにこのことは不可能である）、この努力の根本動機となるのは、すでに何らかの「正しい知」をもっていることではない。それは、人間間の確執や矛盾に際して、これを調停し争いを宥め解決を見出そうとする心意、つまり、より「善きこと」を求めようとする魂の欲望以外にはありえない。だからこそ「善のイデア」は、諸事物の「真理性」の根拠であると同時に、その「認識」（より普遍的な知を導くこと）の根拠でもあるとされるのである。

知や認識や真理は、決してそれ自体として存在根拠をもっているわけではない。それは根源的に、何か「善きもの」へ向かおうとする人間の魂の本性と相関的にのみ、存在根拠をもつ。プラトン思想においてその最高の準則が「真のイデア」ではなく「善のイデア」である理由はここにある。

彼の次のような言い方をよく注意してみよう。

……たんなる飲み物を欲求する者は誰もいない、善い飲み物をこそ欲求するのだ、（略）なぜなら、すべての人間はみな善いものを欲求するのであるから、というわけでね。（略）その欲望の対象が飲み物であれ他の何であれ、とにかく善いものに対する欲望であることになるだろうし、また他のもろもろの欲望も、同様であることになるだろう。

知を求める（愛知）とは、認識の形としていえば、個々の直観的な信念からより深い普遍的知を求めることだが、これを情熱としていえば、人間における「ほんとう」への欲望の一形態である。こうして、「善のイデア」が知の最後の目的であるとは、「善いの本質」の深い理解こそ知の普遍性の可能性の根拠であるということであり、また、「善のイデア」が生の究極の目標であるとは、人間の生の本質的な目標（＝欲望の対象）たりうるのは「善い」という本質をもつものだけだ、ということなのである。

プラトンは、近代の優れた思想家が中世以来の絶対化された「真理」や「普遍性」の概念を疑うはるか以前に、完全な認識や絶対的真理という観念とはまったく異なった形で、知の普遍性の原理を深く直観していた思想家だった。また彼は、人間の欲望の本性が「善い」や「ほんとう」の本質それ自体に向かっているということそれ自体を思想化した、初めての思索者だった。要するに、彼の「イデア論」の基本構造は、あらかじめ世界の全摂理とそれについての全知が想定されているというものではなく、はじめに世界への〝欲望とエロス〟が存在し、これと相関的に世界が分節されているという欲望論的構造を示しているのである。

プラトンから六百年後にプロティノスは、プラトンの「イデア」-「精神的美」-「感性的快」という欲望の審級を、「一者」-「知性」-「魂」-「自然物」という世界の存在の審級に書き換えた。しかし、プラトンとプロティノスを読み比べてみれば、後者においてはプラトンにおいて生き生きと動いていた欲望論的動機が死に、「根源的存在」から世界の一切を説明しようとする知的体系への動機がその代わりになっていることがよくわかる。そして現代のプラトン批判は、例外なく、このプロティノス化された〝プラトン主義〟への批判にすぎないことに気づいていない。

第四章　エロス、美、恋愛

1　恋（エロス）の「本質」とは？——『饗宴』その1

『饗宴』と『パイドロス』はプラトンのエロス論の美しい達成だが、それだけでなく、ある意味でこの二作はプラトン哲学の精髄を最もよく象徴するものといえる。

わたしたちは初期対話篇において、「美とは何か」と問われて「さまざまな美しいもの」を列挙するヒッピアスに対し、ソクラテスが、それは「美それ自体」（＝美の本質）を答えたことにならず、それとは違った本質の答え方があると説いたこと、しかしまたそこで、プラトン自身の明確な答えが出されなかったことを見てきた。

『饗宴』と『パイドロス』はそれぞれ「恋について」と「美について」という副題をもっているが、ここでプラトンは、「恋とは何か」「美とは何か」という問いに対して、つまりその「本質」について、非常に独自の仕方で見事な答えを与えている。

ところで、ここでのプラトンの答え方は、たとえばプラトン自身が『パイドン』その他で語っている「ことがらの真実に到達する方法」——感覚に頼らず、まず総合によって定義を与え、つぎにこれを区分した上で個別に分析していく、という方法——とは、かなり違っている。この「総合と分析」の方法については他の著作でも幾度か語られているし、その実例もあるが、ニーチェが指摘しているように、じつはむしろ「詭弁論的」なものが多く、この方法で十分にことがらの「本質」に達していることは稀である。ところが、『饗宴』と『パイドロス』では、プラトンは「ミュートス（喩え話）」を援用するという方法で、はるかに深くテーマの「本質」を取り出しているのである。

ともあれ、プラトン思想についてつぎのようにいえる。彼はソフィストの言語相対主義や懐疑主義に抗するかたちでギリシャ哲学史の中に登場した。その哲学説の中心はイデア説だが、それを支える方法上のエッセンスは「〜とは何か」と問う〝本質考察〟の方法だった。そして、この方法の精髄は、他のどの大作でもなくこの『饗宴』と『パイドロス』に最も見事なかたちで現われている、とわたしは考える。

プラトンに批判的な論には、しばしばつぎのような類型が見られる。まず、新プラトン主義あるいはさらに後世の「絶対真理説」や「超越者」の思想からの投影によってイデア説を読み、その上でその功罪について煩瑣な議論を行なう。第二に、イデア説の論理的な矛盾をこまかく指摘し、これをプラトン政治思想の反民主主義的性格に関係させ、そこから現代的な政治議論を展開する。

このような議論はありうべきものではあるが、わたしの考えでは、プラトン思想の本質論という観点からは派生的な問題群というほかないのである。

繰り返していえば、プラトン哲学の中心説は「イデア」論であり、その方法の核は〝本質考察〟ということである。『饗宴』と『パイドロス』は、この方法の精髄が最もよく表現された著作であり、「恋とは何か」「美とは何か」という問いがその中心テーマにほかならない。したがって、ここで彼が、この問いをどのような仕方で問い進め、またどのような答えを導いているかを十分に検討することは、プラトン思想を吟味する上で最も重要な課題であると思える。

さて、『饗宴』は、熱心なソクラテス信奉者であるアポロドロスが自分の友人に、アガトン邸で行なわれた「エロス神についての議論の饗宴」の模様を、居合わせたアリストデモスからの伝聞として語る、というところからはじまる。

アガトン邸に集まったのはアテナイの紳士たちで、やがて酒宴がはじまり、医者のエリュクシマコスの発案で各人が順番にエロス神を讃える議論を行ないながら宴を盛り上げよう、ということになる。ここで、最後の論じ手としてソクラテスが登場しいわゆる「プラトニック・ラブ」の起源をなす恋愛論を披露するのだが、その前になされる五人の論者のエロス賛美の議論を簡単に紹介しておこう。ちなみにいうと、ソクラテスを含め登場する六人の話し手たちの主旨が、いずれも青年愛の擁護であることに注意する必要がある。

第一論者は議論好きの市民パイドロス。彼の賛美の要点は、エロス神が最も古い神であり（ヘシオドスによれば、はじめにカオスが生じ、つぎにガイアとエロスが生じた、という）、エロス神は青年愛という善きことの源泉であること。青年愛は青年に立派な生き方を与えるし、何といっても恋こそは死を乗り超えさせる力を持つ……。

第二の論者はパウサニアス。彼によれば、エロス神は二種類ある。一つは「パンデモス・エロース」。これは女性愛、肉体の欲望を象徴し、低俗な恋《エロース》と見なされる。これに対して、もう一つの「ウラニア・エロース」は、青年愛、精神的愛を象徴し、これこそは高尚かつ本来的な「恋」だとされる。

第三の論者は、議論の発案者エリュクシマコス。彼の説の要点は、優れた医者が人間の欲求のうちの「善きもの」と「悪しきもの」を巧みに調和させるように、よき恋もまた、人間の美しき欲望と醜き欲望の葛藤をうまく調和に至らせる、というにある。

第四の論者が「男女一体論」（アンドロギュヌス説）でよく知られているアリストパネス。劇作家で、『女の平和』や『蛙』のほか、ソクラテスを風刺する戯曲『雲』などで歴史的に有名な人物だ。彼はつぎのようなミュートスで語る。

その昔人間の本来の姿は、今日見られるようなものではなかった。まず人間は三種類に分かれていた。すなわち、男・男の種、女・女の種、そして第三に、男・女両性を併せもつアンドロギュヌスの種だ。これら三種の人間は全体としては球形、手と足はそれぞれ四本ずつ、身体のまわりはぐるりと背中で囲まれ、頭は一つだが前後に二つの顔を持っていた。直立してどちらの方向にも歩いたが、急ぐときには八本の手足を使いまるで球のように体全体を回転させて急速度で移動できた。また彼らは強さと腕力でも恐るべき者だったので、その心は驕慢になり、とうとう神々を攻撃しようとして天上に登ることを企てた。

ゼウスほか神々はこれを見て詮議し、彼らの力を減じるために一計を案じた。つまり、彼らを殲滅させる代わりに、その体を真ん中で切って二つに分けることにした。こうして人間たちはすべての種が二つに切り裂かれたが、以後、ばらばらになった男と女たちは、それぞれもと自分と一体であった半身を激しく求め合うことになった。「まことにそんなわけで、このような大昔から、相互への恋（エロース）は人々のうちに植え付けられているのであって、それは人間を昔の本然の姿へと結合するものであり、二つの半身を一体にして人間本来の姿を癒し回復させようと企てるものである」（鈴木照雄訳、以下同様）。

誰でも知っているように男女は互いに引き合う。しかしその理由を意識しているわけではない。完全なものへの回復の要求、じつはこれこそが「エロース」（恋）の本質なのである。これがアリストパネスの結論だ。

第五の論者として、饗宴の主催者であるアガトンが登場し、エロス神を詩的で美しい比喩によってほめたたえる。それまでは世界の一切がアナンケ（必然性の神）の支配のうちにあったが、エロス神が生まれ出て以来、万事が秩序立てられ、一切の善きことが起こった……。アガトンのエロス讃辞の言葉の美しさと見事さに、一同大いに感心する。

さて、このような五人の言論の名手による華麗なエロス神讃歌の最後に、いよいよソクラテスが登場する。

よく知られているように、彼のエロス論は文字通り「プラトニック・ラブ」（＝プラトン的恋愛）という言葉の起源である。プラトニック・ラブは、たとえば、『若きウェルテルの悩み』におけるロッテに対するウェルテルの愛、『狭き門』におけるジェロームとアリサの愛、日本の近代文学では、北村透谷の恋愛観念などがこれを象徴する。プラトニック・ラブの通念は、いうまでもなく肉体的な愛を取り払った〝精神的〟愛であり、エロティックな情熱に対立するプラトニックな情熱である。相手の人格や精神性に激しく引きつけられるというだけでなく、また、理想的な生の目的や目標を互いに共有するということをも含む。

このプラトニック・ラブの観念は、恋愛が宗教に代わる新しい〝超越〟として登場する近代に典型的となるが、人々がこの情熱の起源をプラトンに帰するのには理由がある。

『饗宴』でソクラテスが行なうエロス論の最後に、「恋愛の正しき道」というのがあって、これが「プラトニック・ラブ」の観念の出所になっているのだ。

これはソクラテス自身の説ではなく、彼がかつてマンティネイアの知恵ある巫女ディオティマから聞いた説として語られるが、つぎのようなものだ。

——恋の「正しき道」というものがある。まだ年若い者はまず「美しい肉体」に向かう必要がある。そして正しい導き手にしたがって彼はつぎに、「すべての美しい肉体」を恋する者となるべきだ。またつぎには肉体の美より「魂のうちにある美」により深く恋するようにならなくてはいけない。さらに彼の恋は「美しい人間の営み」へ、またもろもろの「美しいものについての知識」へと進み、そして最後に「美のイデア」それ自身の「観取」にまで至るべきものである——。

さて、このディオティマの物語から、プラトン的恋愛の二つの中心命題を受け取ることができる。一つは、「肉体への恋」よりも「魂への恋」（精神への恋）こそ本来的だということ。もう一つは、恋愛の究極目標は「美のイデア」に到達するところにあるということ。

人々はしばしば、この命題からエロス的要素を切り離したあまりに純粋な恋愛観念を見、ちょうど「善のイデア」への批判と同じような絶対的プラトニズムへの批判を行なう。しかしわたしの考えでは、このような批判は、プラトンの恋愛の本質考察を十分に汲みとった上でのものとはいえない。ともあれ、以後『饗宴』におけるプラトンのエロス論をくわしく吟味してみよう。

まず、ソクラテスによってなされるエロス論は、大なり小なりこれまでの五人のエロス論への反論をなしている。おそらくこの五人のエロス論は、アテナイに流通していた通念的なエロス論を代表するもので、プラトンは周到に、「恋」（エロス）の本質についての当時の通念を転倒しつつ自説を披露しているのだ。その概要を示すとこうなる。

① エロス神は、神と人間の中間のダイモーンであること。
② 恋の「欲望」の本性は、「美」の欲求という点にあること。
③ 恋（エロス）自身の本性は、「永遠」への希求という点にあること。
④ 最後に、総まとめとして、ディオティマによる「恋の正しき道」の話（前出）。

ソクラテスは、ディオティマからの聞き語りとしてつぎのように始める。

――エロスはなによりまず何ものかへの欲求＝恋《エロース》といえるが、およそあるものが他の何ものかを欲求するというとき、それはこのあるものがその欲求の対象を欠いている場合であるはずだ。さて、エロスが欲求する第一のものが「美」であることは誰でも知っている。そして、エロスの本性が美を欲求するものである以上、エロス自身が美しいものであるとはいえないだろう。では、エロスの本性は美の反対で醜い存在なのか。そうともいえない。人が知恵を求めるのは彼が十分な知恵を欠いているからだが、しかし知恵を求める人間を愚か者ともいえない。つまり彼は、叡知と無知の中間にある存在だといえる。これと同様、エロスも美と美でないものの中間的存在なのだ。つまりエロスとは、それ自身は美ではないが、一方で美に憧れ、これを求めるような存在である――。

こうして、このようなエロスの本性を喩えるエロス＝ダイモーン説が説かれる。

ディオティマのミュートスによると、そもそもエロスは、富の神であるポロスが神酒に酔いつぶれているときにペニア（貧乏）が彼に添い寝をしてもうけた子である。このためエロスは、父と母の両方の本性を、つまり一方でそれ自身はつねに何かを欠いており、だが一方で豊かなものを激しく求めるという性格を合わせもつことになった、と。

こうして、「エロス」は「美」を欲求するが、その本性は、一方で欠乏しつつ、一方で満たされることを望むようなものであり、その意味で神と人間との、不死なるものと死すべきものとの中間者としてのダイモーンなのだ、といわれる。

さてつぎに、エロス（恋）の欲望の本性は何か。

「美しいものを恋する人は恋をしているわけだが、それは何を恋い求めてのことでしょうか」、とソクラテスがディオティマにたずねる。彼女は答える。人間はさまざまな「善きもの」を手に入れようとする。その理由は、「善きもの」を手にすることは、すなわち「幸福になる」ということだから。そしてこの幸福というものは、人が何のためにそれを求めるのかをそれ以上聞く必要のない、いわば最後の答えである。

これに続いてディオティマがソクラテスに発する問いが、大変興味深いものだ。

――ところでソクラテスよ、なぜ人々は、エロスのさまざまな対象のうち、一つのものだけをことさらに「恋」と呼び、他の「善きもの」には別の名前をつけているのでしょうか。たとえば、金儲けの道とか、体育愛好とか、愛知の道、といった具合に。じつはそれはちょうど、他のさまざまな物を作り出す人々を技工家とか技術者とか呼ぶが、ある特定のもの、つまり芸術などを作り出す人間だけを創作家と呼ぶのと似ているのです――。

彼女はさらに続ける。

――恋とは、自分の半身を求め本来の一体性を取り戻そうとする欲求だという説もあります（前出のアリストパネス説を指す）。しかし私の意見では、恋の欲望の対象の本質は、何らかの意味で「善きもの」でなければならず、半身とか全身とかいうことに大きな意味はない。ここをよく考えるべきです。なぜ人は、ある特定の対象への欲望だけを他のものと区別して「恋」（エロス）と呼ぶのか。その理由は、この欲望に、およそ人間の欲望（＝求めること）一般の本質を象徴するような性格がひそんでいるからではないでしょうか——。

　こうして、恋の欲望の特質はつぎのようなものとして確かめられる。まず「善きもの」としての美を求める欲望であること。つぎにその美が「自分のものであること」、さらに「永遠に自分のものであること」を求める欲望だということ。

　ここで読者に注意を喚起したいのは、推論とミュートスとを織り交ぜて行われるプラトンのこのようなエロス論が、「エロス（＝恋）とは何か」についての卓越した「本質」の把握（本質観取）になっているということだ。確認すると、ここまでプラトンはそれを以下のような形で示している。

「恋」とは何か。人々はこれまでそれを「エロス神」につきまとう美しいイメージの中で考えてきた。しかし「エロス」という言葉が示しているのは、まず何ものかに引かれるという「欲求」の感覚である。「エロス」とは自分が何かを欠き、そのため何かに引かれあるいは憧れるというその力動の感覚のことだ。

　では、「エロス」が引きつけられるその対象は何か。ふつうにいえば「美しいもの」である。しかしではまたこの「美しいもの」とはいったいどういうことなのか。これはむずかしい。なぜなら人が「美しい人」(あるいは「美しい肉体」)に引きつけられることは、それ以上遡行できない理由のように見えるからだ。

しかしプラトンはここを突きあたりと考えず、さらにこういう補助線を引く。「エロス」を何かに引きつけられること、つまり「欲求」や「欲望」一般として考えると、人間は「美しいもの」だけに引かれるわけではなく、さまざまな「善きもの」、お金、健康、名声、知恵などにも引かれることがある。で、こう考えてみよう。人が欲求するさまざまなものの共通本質は何だろうかと。答えは、人を引きつける対象とは単に「快いもの」ではなく、何か当人にとっての「善きもの」といえる対象だ。そして人が「幸福」と呼ぶのはこの「善きもの」がわがものになるという事態を指している。するとわれわれが「美しい人」の「美しさ」に引かれるという場合にも、その「美しさ」のうちに何か「善きもの」を直観しそれを求めているのだ、といえないだろうか……。

繰り返し注意を喚起したいのは、プラトンのこのような本質考察の方法と成果は、『饗宴』と『パイドロス』において際立った卓越性を示しており、他のどの著作からもこれほど果敢な本質考察を読むことはできないということである。

わたしがこの二篇をとくに詳しく吟味する理由は、プラトンの思想の営みがここでどれほど豊かな本質考察に伴われているかということ、したがってまた、プラトン哲学の全体の構想がどれほどこのテーマと深く結びついているかということを示したいためだ。

ディオティマの話はさらにつづく。

「恋《エロス》」とはつまり、善きもの、美しいものが永遠に自分のものであることを願う欲求のことである。するとでは、それは「いかなる仕方で」これを追求するのか。このソクラテスの問いに対してディオティマはいう。「つまりそれは、肉体的にも、精神的にも美しいものの中において出産することです」。ソクラテスは面食らっていう。あなたのいうことは占い人にでも聞かないとわかりそうもありません。ディオティマは答える。

——ではもっと詳しくいいましょう。ソクラテスよ、すべての人間は精神的にも肉体的にも、必ず「妊娠して」産むべきものをもっている。恋とは、単に美しいものを得ようとすることではなく、じつは、美しいものの中で「出産」を目指すものです。というのは、産むという行為は神的なものであり、およそ醜いものとは不調和であるから。身ごもったものは、美しいものに近づくとき心はなごみ、清々しくなり、生の意欲が満ちて出産にいたる。身ごもったものが美しいものに恋い焦がれる想いが尋常ならざるものとなるのはそのためです。そういうわけでソクラテスよ、恋が美しいものを永遠につかもうとするとは、つまり「恋はまた必然的に不死を目指すものでもある」という意味なのです。

どんな動物も出産の欲望に駆られるとき、みなすさまじい状態になる。それはなぜでしょう。彼らは、まず交合すること、つぎに生まれたものを養育することに、いわば激しく「恋をしている状態」になる。子を育てるためには死をも厭わなくなるほどに。そしてこのことと、人が激しい「恋」に陥って一切をないがしろにするほどになることとの間には、深いつながりがあるのです。

つまり、動物でも人間でも、およそ死すべきものは、「永遠に存在し不死であることをできる限りにおいて求める」という本性をもっている。それは、動物においては主として出産の欲望として現われ、人間においては、単に子を産むことだけではなく、むしろ「恋」という形をとって現われるのです。このことは、人間の名誉心というものに目を向けると容易にわかります。人々が「不滅の名声を永久に打ち立てる」ことや、「不滅の徳や輝かしい評判」への恋心をどれほど激しくもっているか誰でも知っている。それはつまり、人間が激しく不死なるものを恋い求めていることの証拠なのです――。

さて、恋の欲望の「対象」は美であるが、この対象の「意味」は、それを得ることが「幸福」につながることを予感させるような「善きもの」である。これがここまでの本質考察だった。ではこの「恋」の欲望それ自身の本性は何か。さきにそれは「美しいものを永遠にわがものとする」欲望といわれたが、この定義はまだ見かけのものだ。「美しいものを得たい」のはなぜか。それは魂が「美しいものの中で出産する」ためである。

この「出産」という言葉は一見意表をつくような言葉だが、しかしある重要な意味がこめられている。恋とは「美しいものの中で出産すること」なのだが、この「出産」は「永遠なるもの」、「不死なるもの」と自分を結びつけるような予感に伴われている。そうプラトンはいうのだ。この意味は、つまり、人は恋の情熱に出会ったときにはじめて、自己の存在を何か自分を超えたもの（永遠なるもの）につなぎうるという、あるいい難い感覚をもつ、ということであるに違いない。

恋を知って、それまで世界の何についても深く思わなかったことをはじめて知るという権中納言敦忠の歌（あひ見ての後の心にくらぶれば昔は物も思はざりけり）がある。恋を知ってはじめて美しいという言葉の意味に深く触れる、というスタンダールの言葉もある。これらはいずれも、恋を知るとき人ははじめて、自己のうちから何かが現われ出て自己を超えた何ものかと結びつくような可能性を直観する、という本質考察と深く結びついている。

プラトンはこの自己なるものを超えた何ものかを、「永遠」という言葉で呼ぶ。これはごく素朴にいえば、有限な生をもつ人間が永遠なものに憧れるということだが、一歩間違うと形而上学的な思考を呼びそうな言葉でもある。だがおそらくそうではない。彼はここで、「恋《エロス》」という言葉を何かを「生み出す」ことへの憧れ、希求として使っており、そしてこの欲求の底には必ず「永遠なるもの」「不死なるもの」への思いがある、というのだ。

　わたしたちが何かを「生み出す」とき（何かを自己の表現や創作として作り出すようなとき）、そこに自分というものがいわばふだんの自己とは違った形で現われ出、そのことで自分自身が自己の「外なるもの」と独自な仕方で結びあう、という感覚をたしかにもつ。この感覚は、単に日常のつきあいで生じる他人とのつながりの感覚とはまた違ったものだ。自己の内的な〝表現〟として何かを生む（産む）ことは、自分のうちの何かが自己を超えた「他者や世界」とある非日常的な仕方で結びあうことである。何かを生む（産む）こと、あるいは生みたい（産みたい）という欲望には、必ずそういう存在感覚の可能性が直観されている。

　恋は、単に「美しく、善きもの」を「わがものにしたい」という欲望ではない。それはさらにいま見た意味での「産みたい」という欲望でもあり、しかもそこには、自己と「自己の外なるもの」とのある〝常ならぬ〟つながりの希求がある。おそらく、この〝常ならぬ〟つながりの希求とその予感を、プラトンは「永遠」という言葉で呼ぶのだ。

「恋愛」には、まさしくそのような可能性の予感を最大限にかきたてるような本性がある。さきにディオティマは、なぜ人々は、エロスのさまざまな対象のうち一つのものだけをことさらに「恋」と呼ぶのか、と問うたが、これは、人間のさまざまな欲望のうち恋の欲望には、あの自己を自分を超えた何かにつなぎたいという独自の欲望を象徴するような性格があることを示唆するのである。

ところで、わたしたちはここで、プラトンの、たとえば「永遠」という言葉の使い方が、パルメニデス、プロティノス、トマス・アクィナス、スピノザ、その他の、形而上学的に〝実体化〟された「永遠」という語の用法と大いに違っていることに気づくはずだ。

恋とは何かという問いへの答えとしてプラトンの物語は進む。それは一見おとぎ話めいているが、その言葉には強く読み手を引きつけるものがある。で、立ち止まって彼のいわんとするところをよく考え直してみる。するとそこにことがらの深く考え抜かれた「本質」が、彫琢された美しい言葉としておかれていることがわかる、という具合なのだ。

たとえば、トマス・アクィナスは「世界の永遠性」というギリシャ的観念（アリストテレス的）と「世界の創造」というキリスト教的観念とを調和（妥協）させるために苦闘し、「存在のアナロギア」という新しい概念を作り出した。これは中世哲学における偉大な功績とされている。しかしこの苦闘には、「永遠」とは何か、つまり、人が「永遠」という言葉で呼んでいるもののその本質はいったい何であるのか、という本質的な思考はない。ここには解かねばならない論理的なアポリアがあり、それを何らかの形で〝乗り越え〟うる、より上位の論理を作り出そうとする動機だけがある。

哲学が、このような「メタ論理」の創出にどれほどおびただしいエネルギーを費やしてきたかは想像もできないほどだ（現在もなお）。そしてそのような「メタ論理」の膨大な総量に比して、プラトンのようなことがらの「本質」（イデア）を深くつかむ思考は、つねに驚くほど稀なのである。

ともあれ、『饗宴』にもどろう。

ディオティマはまた、恋の欲望が「美しいもの」をめがける理由は、醜いものの中ではそのような「出産」が不可能だからだというのだが、この言い方も美と醜の本質についての優れた洞察をよく伝えている。プラトンを補っていえば、「醜さ」の本質は、感性化されたものとしての、攻撃性、自己中心性、反感、不安、恐怖、ニヒリズム、シニシズムなどである。だからそれは、「産む」ことがめがけるいわば「神的なもの、超越的なもの」とは背立的であり調和しないのだ。

エロスについての数少ない本質的思想家であるジョルジュ・バタイユは、醜いものを前にしてはエロティシズムは「意気阻喪」すると書いているが、両者の考察の核はほとんど重なりあっている。ただしバタイユによれば、エロティシズムは「恋」自体とは違って、「美しいもの」を〝堕落させる〟という方法で逆説的に「超越性」に触れようとするものだ。つまり、それはケガすために「美しいもの」を必要とする。このため、エロティシズムは永遠性の感覚からはむしろ離れ、いわば瞬間のうちに「超越」を求めようとするような性格をもつのである。

2　美の「ほんとう」について——『饗宴』その2

つぎに、ディオティマは、プラトニックな「青年愛」について述べる。ちなみにこれは、「恋（エロス）」それ自身の本性は何かというテーマにかかわっている。

——ところで、先に述べた肉体と精神の身ごもりについていうと、「肉体の上で身ごもっている」人は、多く女性にその恋心を向ける。彼らは女性と交わり、子を産むことで、よき思い出と幸福と不死を手に入れることができると信じるのです。だが一方に「魂の上で身ごもっている」人々がいます。彼らは、年若いうちからよき資質によって「知恵やその他もろもろの徳」を身ごもる。そしていよいよそれを出産すべき年齢がやってくると、「出産の座となるべき美しいもの」を探し求める。なぜなら誰も、醜いものの中では出産は不可能なことを知っているからです。まさしくその理由で、彼らはまず「醜い肉体よりも美しい肉体」を悦ぶが、さらにそれ以上に「美しく高貴で素性のよい魂」に出会うとき、より大きな悦びを感じるようになる。つまり彼らは、肉体的にも魂においても高い美質をもった若者に恋するのですが、その理由は、若者たちに触れ、交わるとき、以前から身ごもっていたよき徳をいわばその若者の美質を座として出産できると直観するからです。

かくして恋する者は、自分の恋しい者たちのことを片時も忘れないだけでなく、つねに善きもの、ほんとうのものへと彼を教え導くように努力し、そのことでともにあい携えていた美質をより深く育て上げ、そこからいっそう「善きもの」を作品として生み出そうとさえします。だから彼らは、しばしば、実際の子供のつながり以上の深く偉大なつながりと愛情をもつことさえある。そして多くの場合、人はいわば「人間の子供をもつよりは、このような子供をもつほうを歓迎する」。つまり、ホメロスやヘシオドスなどの立派な詩人は、永遠に名の残る優れた詩作品を残し、リュクルゴスやソロンは立派な制度や法律を残したが、そのような出産こそ、多くの人々が真に羨み求めるようなことがらなのです――。

まず注意すべきは、ここには相当ラディカルな青年愛への擁護と称賛があるということだ。

異性愛は「肉体」における身ごもりを本質とし、家庭生活における幸福や、子を得ることによる「不死」への約束が与えられる。これに対して、青年愛（同性愛）の本質は、「肉体」のエロスを超えた「魂」の身ごもりということにある、とプラトンはいう。それは、さまざまな「善きことや徳」についての深い「知識」を出産しようとする欲望に根ざし、だからこそ「肉体」的快楽にとどまることなく、それを超え出て精神的な美の追求へとともに進み行くような本性をもつ。したがって、この青年愛のエロスを適切に育てるならば、それはしばしば人間社会に「永遠性」を刻むような偉大で優れた業績や作品を〝出産〟しようという欲求につながる、と。

ここには、女性蔑視的な見解があるとか、青年愛が異性愛以上に「精神的」であるというのは確たる根拠がない、といった批判もありうるだろうが、そういう批判は、現代的な常識からの〝事後的な〟批判というほかない。

斎藤忍随は、ギリシャにおいて重要な徳たる「友愛」は、同性愛という慣習を潜在的な土台としており、プラトンのエロス論には、「同性愛」を世間的蔑視から擁護しつつこれをさらに「精神化」しようとするモチーフがあった、といっている（『プラトン』）。このことは、『饗宴』や『パイドロス』全体が同性愛（青年愛）の擁護の書たる性格をもつことを見ても、よく理解できる。そのような背景や当時の女性の一般的な社会的、文化的地位を考えれば、プラトンが異性愛よりも青年愛の情熱に恋愛の本質がより深く現われると考えたのは、それほど不自然ではない。

むしろわたしたちが注意すべきは、プラトンが「青年愛」に見出したこのような恋愛の本質が、近代以降人々が異性愛に見出したそれと見事に重なり合っていることのほうである。

たとえば、北村透谷に、つぎのようなよく知られた一節がある。

……春心の勃発すると同時に恋愛を生ずると言ふは、古来、似非《えせ》小説家の人生を卑しみて己れの卑陋《ひろう》なる理想の中に縮小したる毒弊なり、恋愛は、豈《あに》単純なる思慕ならんや、想世界と実世界との争戦より想世界の敗将をして立籠らしむる牙城《がじやう》となるは、即ち恋愛なり。(「厭世詩家と女性」)

恋愛とは「春心の勃発」にすぎないというのは古くからある俗見だ。恋愛の本質は単なる肉体的な引きつけ合いではなく、人間の内的世界の「ほんとう」や「真実」と深くかかわるものだ。これが透谷の直観なのだが、プラトンや透谷の恋愛観を単に「精神的愛」を強調する「プラトニズム」と考えるのはあまりにも素朴であって、そこで重要なのはあくまで恋愛という情熱の「本質」は何かという問いなのである(今日、この透谷の洞察をもう一度逆さにした考え方、恋愛などというのは近代以後作りあげられたロマンチックな観念《イデオロギー》にすぎず、かつては色恋しかなかった、という言い方が流行しているが、もちろんこちらが古くからある俗流の恋愛観であり、透谷の洞察の方が本質的であることはいうまでもない)。

プラトンの恋愛は、たしかに、つねに肉体の欲望を超え出て精神的なものへと進むべきものとされる。しかしこれは必ずしも肉体のエロスの否定を意味しない。精神的愛と肉体の愛を対立的な関係として改竄したのは後のキリスト教である(=霊肉二元論)。

プラトンは、元の一体へ戻ろうとして引きあう力こそが「恋」の本質であるというアリストパネス説をはっきり否定する。この「男女一体説」の力点は、男女を引きつけあうエロスの力はいわばそれ以上説明しようのない異性関係の本性である、というにある。しかしプラトンはこう考えた。人が美しい肉体に引かれることの本質はそれ以上遡れないだろうか。おそらくそうではない。エロス的な引きつけの力が「美しいもの」を媒介としている以上、そこに何か大事な意味があるはずだ、と。そしてここから人間が「美しいもの」に引かれる理由を吟味し、「恋」が美をめがけるとき、そこには「善きもの」「ほんとう」「永遠なるもの」への希求が孕まれている、という洞察に達するのである。

このことは、最後におかれたあの「恋の正しき道」の話に立ち止まってみると、いっそう明らかになる。

すでに見たように、わたしたちはさしあたりそこから、「肉体の恋よりも精神の恋が重要である」と、「恋愛の究極目的は美のイデアである」という二つの命題を受け取った。

だが見てきたようなプラトンの本質の考察は、この命題が表向き示しているような「プラトニック」な外貌を拒否している。ディオティマの言葉を引用してみよう。

「さて」と彼女は語っていった「このことへと正しい進み方をする者は、未だ年若いうちに、まず手始めに美しい肉体に向かう必要があります。そして導き手の導き方が正しい場合には、最初一つの肉体を恋い求め、ここで美しい言論を生みださなければなりません。しかしそれに次いで、どの肉体における美も他の肉体における美と兄弟関係にあるということ、また容姿における美を追求しなければならないとすれば、すべての肉体における美を同じ一つのものであると考えることをしないのは、たいへん愚かしいことであるということ、これらをその者は理解しなければなりません。このことを納得した以上は、美しい肉体全部を恋する者となり、一つのものに対する恋のあの激しさを蔑み軽視して弛めなければなりません。しかしその次には、魂のうちにある美を、肉体のうちにある美よりも貴重なものと見なし、そのために、たとえ肉体の花の輝きに乏しくても、魂の点で立派な者がいるならば、満足してその者を恋しその者のために心配し、そして若者たちをよりよくするそのような言論を生み出し探し求めるようにならなければなりません。つまり、ここでもまた、人間の営みや掟に内在する美を眺めて、それらがすべて互いに同類であることをどうしても観取せざるをえなくなるためなのです。そして、このことは、もともと肉体に関する美を些少なものと見なすようになるためのものです。ところで人間の営みの次には、もろもろの知識へと彼を導いて行かなければなりません。その目的とするところは、このたびもまた当の者がもろもろの知識の美を観取し、その眺める美もいまや広大な領域にわたるものとなって、もはや下僕のように、一人の少年の美とか、一人の大人の美、あるいは一つの営みの美というように、一つのもののもとにある美をありがたがってそれに隷属して、眼界狭小な人間としてあることのないようにということなのです。それどころか、美の大海原に向かい、それを観想し、惜しみなく豊かに知を愛し求めながら、美しく壮大な言論や思想を数多く生み出し、ついには、そこで力を与えられて生長して、次のような美を対象とするごとき唯一のある知識を観取するようになるためなのです。ともあれ、どうかできるだけ精神を集中するようやってみてください」と彼女は言った。(鈴木照雄訳——傍点引用者)

まずいえば、傍点を打った「次のような美を対象とするごとき唯一のある知識」とは、「美のイデア」についての知識のことだ。そしてディオティマはこう話をしめくくる。「いろいろの美を順序を追って正しく観ながら、恋の道をここまで教え導かれて来た者は、今やその恋の窮極目標に面して、突如として、本性驚歎すべきある美を観得することでしょう。これこそ、ソクラテスよ、じつにそれまでの全努力の目的となっているところのかのものなのです」、と。

あえて長く引用したのは、ここにプラトンの恋愛観の最も豊かなニュアンスが封じられているからだ。まずつぎのことが指摘できる。

ここで「恋」はセクシュアルな欲望からはじまる。この欲望は、相手の人格、魂、それを表わす美しい言葉、美しい営み、そしておよそ美しい営みについての知への「恋」へと進むべき「正しき道」をもつとされる。そして、この恋の「正しき道」という言葉はしばしば、恋のあるべき姿とか本来の正しい恋のあり方といったプラトニックな観念として理解されている。しかしディオティマの言葉をよく読めば、それが意味するのは、肉体への「恋」は不純なあるいは低いレベルの「恋」だということではなく、むしろ、肉体への「恋」(=エロス的欲望)の本質はおよそ人間がもつさまざまな「美しいもの」への欲望のはじめの形である、ということだとわかるはずだ。

つまり、若者はさまざまなパイデイア(陶冶)をとおして、すぐれた技芸、創作、音楽、美術といったもろもろの「美しいもの」への感受性を育てていくべきだが、美しい肉体への若者の激しい「恋」(=エロス的欲望)は、決して単なる「春心の勃発」ではなく、まさしく人が「美しいもの」への愛を育てていくそのはじめの現われ、はじめの扉である、そうプラトンはいうのである。

ところで、ここでよく注意すべきことがある。それは、この恋の「正しき道」という考え方が、「パイデイア」の本質を通して「イデア」の本質を示そうとする洞窟の比喩と、きわめて似た構造をもっているという点である。

「恋における道」と同様、「知ること」にもまた、「線分の比喩」に示されるような素朴な似像、感覚による実像、悟性による判断、より正しい「知識」、といったさまざまの「知」の階層があった。そしてさまざまな「思わく」が正しい知へと普遍化されうるその根拠が、「善のイデア」であるとされていた。つまり、ちょうどそこで「知ること」の最後の根拠として「善のイデア」がおかれたように、ここで「恋」(人間の欲求)一般の最深の根拠として「美のイデア」がおかれているのである。

このことは何を意味するだろうか。

ニーチェはこういっている。プラトンにあっては、「美のイデア」と「善のイデア」は真理(真を知ること)を媒介項として結びつけられる。恋(エロス)の究極の意味は、結局「美のイデア」についての真なる知をうることであり、だからそれは「真理」なしでは存在しないものとされる。こうして、プラトンにおいては「美」の「善」に対する従属が明らかになる。「芸術」が理想の国家から追放されるのはそのためだ。

とんでもない。恋の最終目的はエロス的陶酔それ自体、およびそれが喚起する生の意欲の充実それ自体にある。ニーチェとしてはそういいたいのだ(『権力への意志』)。

ニーチェの批判はいかにも強力な批判だったから、すでに見たように現代思想に甚大な影響を与えた。M・フーコーもこのニーチェの批判を後ろ盾にしながら、『性の歴史・快楽の活用』でこう書いている。

それまで「恋」の問題は、誰を愛すべきかとか、その情熱にどう処すべきかとか、どういう情熱が適切かというテーマをめぐっていた。つまり、恋愛の対象とその情熱の適切な活用をめぐっていた。しかしプラトンがはじめてこの情熱を「真理の問題」と結びつけて論じた。ここでエロスと美ははじめて「真理」の問題として登場したのだ、と。ニーチェやフーコーの指摘は、いったん説得されるとプラトンのテクストをその観点から切り離して読むのが困難になるほど説得力がある。しかしわたしの考えでは、この問題に関していえばそもそもニーチェがプラトンを読み違えている。

ニーチェは、プラトンの「善のイデア」をもともとヨーロッパ的な絶対性の形而上学の雛形として受け取っている。ここからはいま見たような見解は必然的である。

しかし、さきの「善のイデア」と「美のイデア」の明らかな並行関係の構図は、わたしたちが辿ってきた考え方からは、つぎのようなことを示している。

もしわれわれが「善いとは何か」についての本質的な知をもてなければ、どんな知もばらばらの知であることを超えられず、そこから知をより普遍的なもの（ほんとう）へと鍛えていく道はありえない。これが、もろもろの「知」の根本的な根拠として「善のイデア」がある、ということの意味だった。そして、ちょうどこれと同じように、「恋（エロス）」、すなわち何か善きもの、美しいものへの欲望が、何らかのかたちで「ほんとう」という性格を保ちうるその根本的な根拠が、「美のイデア」ということにある。そうプラトンはいうのである。

これはどういうことだろうか。プラトンは、あらゆる人間の欲望は最終的に「ほんとうの美」へと向かうべきだ、といいたいのではない。むしろこうである。

人はさまざまなものに対する欲望をもつ。その欲望の形は千差万別だ。しかしそれにもかかわらず人間の欲望には、つねにより美しいもの、より善いものを求め、ついにその対象を、何かこの上ない「ほんとうのもの」という形で思い描かざるをえないような本来的な性格がある、と。

つまり、人間のエロス的欲望は、必ずその対象を「ほんとうのもの」というかたちで求める本性をもつ。この命題は、たとえばバタイユが、人間のエロティシズムの本質を「超越的なもの」、彼自身の言葉では「至高性」として洞察したとき、いっそう鮮やかな形で示された、といえる。だが、プラトンの「善のイデア」と「美のイデア」における並行関係の構造は、わたしたちにもう一つの重要なことを示唆している。おそらくそれはこういうことだ。人間のエロス的欲望がその対象を「ほんとうのもの」、言い換えれば「超越性」としてもつということ、まさしくそのことこそ、多様で分離された生を生きる人間が〝普遍性〟というつながりの糸をもちうることの根拠である、と。

わたしたちはこの問題を、プラトンのもう一つの恋愛論である『パイドロス』において、さらに明瞭に見ることができる。

すでに見てきたように、プラトンの「善のイデア」は知の本質にかかわり、「真理」ではなく「普遍性」という言葉に結びついている。そしておそらく同様に、「美のイデア」は人間のエロスと欲望の本質にかかわり、「真理」ではなく「ほんとう」という言葉に結びついている。

3 恋愛のアポリア――『パイドロス』その1

さて、『饗宴』の副題が「恋について」であり、『パイドロス』の副題が「美について」

であることはさきに述べた。つまり、「恋」の欲望の本質が『饗宴』で詳しく語られたすえ、そこで「美のイデア」ということが大きな問題となった。その意味で『パイドロス』は『饗宴』のテーマを引きついで「美のイデア」をめぐる考察として書かれているといってよい。しかしもう少し詳しく見ると、ここで語られていることがらの中心は、むしろ「恋愛」のアポリアというべきものであることがわかる。「美のイデア」とは何であるかという問いは、ここで「恋愛のアポリア」を通して明らかにされるのである。

話はこんな具合にはじまる。

議論好きの若者パイドロスが、弁論の名手という噂の高いリュシアスの恋愛論にすっかり感心して、これをソクラテスに聞かせる。リュシアス説は、「自分を恋している者よりむしろ恋していない者に身をまかせるべきである」という逆説的なもので、その要点は、恋は人をして冷静な理性を失わせ愚か者にするということにある。

――恋する者は恋心のゆえに君を大事にするのだから、新しい恋人でも見つけたときには、手のひらを返したように冷淡になるだろう。さらに、恋する者は自分の恋人が他の人々と仲よくするのをひどく嫌う。嫉妬の心で戦々恐々としているからだ。そんなわけで、君は君を恋する者に従うよりも、むしろそうでない者に従うほうがずっといい。恋する人間は相手の機嫌をそこねるのを恐れ、また自分も欲望に心が曇っているので、恋人の行為や言葉についてそれが間違ったことでもほめそやす。つまり、君に対するほんとうの配慮などもてない人間なのだ――。

これを聞いてリュシアス説を軽くからかったソクラテスは、これに不満なパイドロスからうながされて、リュシアス説を補強する説を述べさせられることになる。以下はソクラテスによるリュシアス説の補説だが、後に続くプラトン恋愛論の伏線でもある。

――そもそも恋とは美しいものへの欲望である。だがまた人は恋していないときも、もろもろの美しいものへの欲望をもっている。では、恋する者とそうでないものを何によって区別すべきだろうか？　こう考えてみよう。人間を支配し導く二種類の力がある。一つは誰でも生来もっている快楽への欲望。もう一つは、善きものをめざす後天的な分別の心。つまり「放縦」と「節制」だが、この二つの力は互いに相和することもあるが、互いに争って、あるときには一方が他方を押しやって勝利を得ることもある。つまり、盲目的な欲望が正しい分別を押し退けて美の快楽へ導かれ激しく肉体の美しさをめざすとき、この欲望は激しい力（ローメー）という言葉から名を取って、恋（エロス）と呼ばれるのである――。

ソクラテスがリュシアス説に付け加えている重要な力点はこうだ。恋とは、他の「もろもろの美しいもの」ではなく、とくに「肉体の美」を対象とする欲望である。そしてそれがしばしばはげしい嫉妬や独占欲をもったり、また眉をひそめさせるような無思慮や自己中心性をもつのは、「快楽」への激しい力が正しい分別を越え出てどこまでも自分を貫こうとするからだ。恋が人間にある種の「狂気」をもたらすのはそういう理由による……。

さて、しかしここまで来て、ソクラテスは突然リュシアス説の擁護をやめて、こういう。

――パイドロスよ、これ以上私の話を聞いてくれるな。ここまで君のすすめでリュシアス説に賛同するようなことをいってきたが、じつをいえば、自分を恋していない人間に身を任せるべきだ、などというのは真実でなく、馬鹿げた考えにすぎない。いま、いつものダイモーンの声がして、私に戯れに行なった不敬の説を取り消せといっている。だから、私は恋についての説をすっかりはじめからやり直すことにしよう――。

こうしてソクラテスは、恋愛についての自説をつぎのようにやり直す。

――恋は誰も知っているように「狂気」的性格をもつ。しかしそれは無条件に悪いことだろうか。いやそうではない。「われわれの身に起こる数々の善きものの中でも、その最も偉大なるものは、狂気を通じて生まれてくるのである。むろんその狂気とは、神から授かって与えられる狂気でなければならないけれども」（藤沢令夫訳、以下同様）――。

恋愛とは何か。それは「聖なる狂気である」。これがこの著書の根本テーゼである。『パイドロス』でプラトンはエロス論という『饗宴』でのテーマを引きつぐのだが、その趣きはかなり異なっている。『饗宴』では、主な議論は巫女ディオティマの説として語られた。これに対して『パイドロス』ではこういわれる。

自分が語りたいのは人間の「魂の本来のすがた」だが、これについての深い真実を語るなどということは、神のみがよくなしうるような仕事だろう。だが、喩え話（ミュートス）としてなら人間の力でも真実の一端にふれることも可能かもしれない。だから私はそういう仕方でこれを語ってみよう、と。この「物語」についてのプラトンの自覚は印象的だ。

ソクラテスはつぎのようにはじめる。

われわれに起こる善きものの中でも最も偉大なものは、聖なる狂気を通して生じる。ソクラテスはそう述べて、四つの聖なる狂気の例を挙げる。まず、予言術（マニケー）。つぎに、神託を行なう巫女たちの神がかり。さらに、ムゥサの神々から与えられる「詩作」の狂気。そして、四番目に来るのが「恋の狂気」である。問題は、われわれが恋の狂気と呼ぶものが、やみくもな欲望に分別を忘れた魂の激動ではなく、じつは「神々から与えられた善き狂気」であることを明らかにすることだ。そこで、二つのことが必要となる。一つは、「魂の不死」を証明すること。もう一つは、「魂の本来の相」を喩え話によって明らかにすること。

「魂の不死」については『パイドン』でより詳細な〝証明〟がなされているが、総じてプラトンのこういうことがらの証明は、さほど説得的とはいえない。ここではその要点だけを記しておく。

――魂は、さまざまな事物や身体とは違い、自分で自分を動かすもの(自己原因)だ。ところで、およそ生じたり滅びたりするものは自分から動く原因をもたず、ただ他から動かされるだけである。しかるに、魂は動くことの原因(アルケー)を自分自身のうちにもつ。したがってそれは生じることも滅びることもありえない存在だと考えるほかない――。

さてつぎに、ソクラテスは人間の「魂の本性」を、「翼をもった二頭の馬と馭者」の姿に喩えて語る。そしてこの魂の遍歴を、「天上界」と「地上界」の間の輪廻や運命の裁きとして描き、また、恋の苦しみを二頭の馬の葛藤として描写する。

はじめのミュートスはこんな具合だ。

――「天界」において、偉大なるゼウスを先頭として神々とその軍勢が、祝福されたあまたの行路を進軍していく。その最後の目標は、天球の最も高い穹窿の果てで、そこから天球の外側のイデア界に抜け出ることができる。そしてこのイデア界こそは「真実在」の世界であり、神々の行軍は、この最も高い頂きで「正義」や「節制」や「美」といったイデア界におけるもろもろの「真なるもの」(＝イデア)を観照するのである。こうして「真実在」を観照する饗宴を終えたあと、神々の行軍はふたたび天球の内側に入りその住処へと帰っていく……。これが「神々の生」のありようである。

では、天界における人間たちの「魂」の生とはどういうものか。それらは神々の行軍につき従ってどこまでも行こうとするが、天球の頂きに近い最も険しいところでは、翼ある馬を馭しきれず、中にちらとイデア界を垣間見る幸運な者もあるが、たいていは、必死の努力も虚しく行軍に遅れ、結局イデアを観られぬままそこを立ち去ることになる。

さて、これら人間たちの魂の生に関して、アドラスティア（必然の神）の掟ではこう定められている。少しでも何らかのイデアを観た魂は、そのことで翼の糧を得てつぎの行軍までこの幸多き天界に住んでいることができる。だが、イデアを観そこなった魂は翼を失って地上に墜ち、地上での生を経なくてはならない。そして地上に墜ちたおのおのの魂は、それがこれまでにイデアを想い起こそうとしたその度合いに応じて、さまざまな人間の種として転生する。そのランクはつぎのようだ。

①知を求め、美を愛し、楽を好み、恋に生きる人々。②法と戦いと統治に秀でる人。③政治家、実業家。④体育家、医者。⑤占い師、宗教者。⑥創作家、演技者。⑦職人、農夫。⑧ソフィスト、民衆煽動家。⑨最下位として、僭主（タイラント）。

いったん地上に墜ちた魂は、一万年たたないと天界に戻ることができない。また、地上にある魂は千年の周期で地上の生を繰り返すのだが、右に挙げたそれぞれの生において三度「正しい生活」の生涯を繰り返した者だけは、翼を生じて早く天界に戻ることができる。しかし、それ以外の者は生涯を終わると裁きにかけられ、その罪に応じた罰を受けてつぎの生までの時間を過ごさなくてはならない――。

さきの第一位のランクを確認するとこうある。「知を求める人、あるいは美を愛する人、あるいは楽を好むムゥサのしもべ、そして恋に生きるエロースの徒となるべき人間」。このようないい方は、プラトン思想の核が、キリスト教的な禁欲主義や近代の道徳主義とは異質な、「エロースとしての生」の思想であることをよく示している。

ともあれ、これがよく知られた「魂の輪廻転生説」の全体像だが、これはまたプラトンの「イデア論」全体を象徴するミュートスでもある。だが、ヘーゲルがはっきり指摘しているように、哲学説としてのイデア説をミュートスで示すことの危うさは、イデアがしばしば、天界に〝実在する〟「本質」という形で（＝本質実在論、二世界説など）理解されていることによく現われている。

ところで、この「真実在」としてのイデア界というやっかいな像について、はじめに深い理解を示した哲学者はプロティノスでもアウグスティヌスでもなく、カントである。彼はこう書いている。

プラトンは、彼のイデアを取りわけ実践的な一切のもの――換言すれば、自由に基づく一切のものに見出したが、今度は自由が、理性に特有の所産であるところの理論的認識の下風に立つのである。徳の概念を経験に求めようとする人、実例として不完全な説明にしか役に立たないようなものを模範として認識源泉たらしめようとする人は（略）、徳を時間と事情とに従って変遷するもの、従ってまた規則としては用いられ得ない得体の知れぬ物にするであろう。これに反して、誰か或る人が徳の模範として我々に現示されると、我々はこのいわゆる模範なるものを、我々が自分自身の頭のなかにもつところの真の原型と比較しまたこの真の原型を規準として評価することは、何びとも意義なく認めるところである。この原型が即ち徳のイデアである……。（『純粋理性批判』先験的弁証論一篇、篠田英雄訳）

カントのいうところをかみ砕くとこうなる。

プラトンのイデアでは、「節制」とか「正義」とか「徳」とか、とくに人間の自由な実践に関わるものが重要なものとされているが、そこでは、理念としての「イデア」が、具体的な実践としての「節制」や「正義」の上位におかれ、それが具体的なもののありようを規定するとされている（これが天上界とか地上界ということの意味だ）。ところで、われわれは具体的な「節制」や「正義」の行為については経験的に知ることができるが、イデアとしての「節制」や「正義」などは経験によって知られるものではない。だからふつうは、本来「知りえないもの」（イデア）から「知られているもの」（個々の節制や正義）のありようを規定するなどというのは、奇妙なことと思えるだろう。ところが、実際はプラトンのいうところが正当である。

たとえば、「徳とはどんなものか」と問う場合、われわれは誰か徳ある人を思い出して彼を徳一般の基準とするだろうか。むしろ逆で、自分の脳裏にある何らかの「徳」の像を思い起こし、この像によって、彼がどの程度の徳の持ち主かを判定する。このことは誰でも認めるだろう。プラトンのイデアとは、つまりそのような倫理的な「模範の像」のことであって、彼がこれを経験の世界の向こうにおいたのはそういう意味でなんら奇怪なことではなかった、と。

カントの言い分をもう少し敷衍してみる。

カントの「理念」という概念は、理性が経験を超えてある完全な状態（理想的状態）を思い描く能力からくる。たとえば、人は欠けた月を見て完全な満月を思い浮かべる。また、自然界には完全な直線は存在しないが、人は不完全な直線を見て完全な直線を観念の中で想像することができ、これが概念として純化されて直線の「理念」となる。同様に、ほんとうの意味で完全なる「徳」をもつ人間はいないが、人は完全なる「徳」のイメージを想像することはできる。そしてこのありようを概念として純粋化できる。カントによれば、これがプラトンの「イデア」の意味するところである。

立派な徳をもつ人間は実際に存在するが、完全無欠な人間はいない。「完全な徳」それ自身は経験世界を超えたものとしてのみ想定できる。イデアが「天上界」に存在するとはそういうことである。また、何が「徳」や「美」であるのかは、天上界におけるイデアの記憶としてのみ「想起」されるという言い方は、これらの「徳」や「美」の本質それ自体は具体的な「善いもの」や「美しいもの」から知られるというのではなく、理念として存在するという人間の観念の本性からやってくる。これがカントによる「イデア」解釈の大枠である。

カントはプラトンのイデア論を、かなり自分の説に引きつけて解釈している。カントの「最高善」という考えは、まさしく今見たような意味あいで「イデア」説と親近性があるが、わたしの考えでは、プラトン思想からエロス論的核を抜き取るとカント思想に近くなる。その意味でカントは、プラトン思想のもう一つの大事な芯を受け取ってはいない。しかしそれでも彼が、「天界のイデア」というイメージを何か不可思議な神秘主義としてではなく、純粋に思想の問題として読んでいることがよくわかるだろう。

さて、プラトンによる〝魂のミュートス〟に戻ろう。

魂の永遠回帰を教える「天界のミュートス」は、いわばプラトンによる魂の形而上学だといってよい。それは、『饗宴』で見たような、人間の魂（＝人間の生への欲望）についてのプラトンの根本的な見解をよく象徴している。曰く、

われわれの魂はいまは地上の生を享けている。しかし、そもそも魂は永遠なる世界をめぐり、その真の居場所は蒼穹のかなたにある天上界であり、その性は本来イデアの神的な本性を分有している。地上にあるわれわれの魂が、いわば何か稀有の場面でその本性に触れるとき、たちまちにして、深く激しく「永遠なるもの」「この上ないもの」に焦がれ求めるのは、まさしくそのような理由による、と。

魂の欲望は必ずその「ほんとう」の対象あるいは対象の「ほんとう」をめがける。この〝魂の形而上学〟が彼の恋愛論全体の根本前提なのである。そして、この前提から、プラトンの新しい恋愛論がさらに展開されることになる。

> かくしていまや、第四の狂気に関するすべての話は、ここまでやって来た。——狂気という。しかり、人がこの世の美を見て、真実の〈美〉を想起し、翼を生じ、翔け上ろ

うとして羽ばたきするけれども、それができずに、鳥のように上の方を眺めやって、下界のことをなおざりにするとき、狂気であるとの非難をうけるのだから。（略）――この狂気こそは、すべての神がかりの状態のなかで、みずから狂う者にとっても、この狂気にともにあずかる者にとっても、もっとも善きものであり、またもっとも善きものから由来するものである。そして、美しき人たちを恋い慕う者がこの狂気にあずかるとき、その人は「恋する人」と呼ばれるのだ、と。（藤沢令夫訳）

4　エロティシズムとプラトニズム――『パイドロス』その2

まず「恋の狂気性」についてつぎのようにいわれる。

――人間は誰でもかつて一度は天上界で「真実在」を観たことがある。しかしすべての人間がこの「真実在」をよく想起することができるわけではない。天上界でこれをすこししか観なかった者や、この世で不善の生を生きる者は、かつて観た聖なるものを忘却してしまうからだ。そのような魂は、地上の美を見てもその本体を十分想起することがないため、ただそれを世俗的な快楽の対象としてしか感じることができない。

しかしかつて真実在をよく観、またこの世においても正しい生を送るほどの人間は、

「美」の本性をさながらに映した顔つきや肉体を見るとき、その聖なる本体についての記憶を喚起され、はげしくそれに引かれるとともに、かつてそれを目のあたりにしたときの畏怖の念が彼を貫いて敬虔な感情を抱かざるをえない。

さらに、「美」には一つの特権性がある。なるほど、「正義」や「節制」といったイデアも魂にとって重要なものだ。しかしこれらについていえば、その地上の似像の間にあって際立った光彩を放つわけではなく、その本体であるものと明瞭に見分けがつきにくい。ところが「美」は違う。美はわれわれのもつ最も鮮明な知覚である「視覚」を通して魂に直接呼びかけてくる。だから人の魂が汚れていないかぎり、それは、他の諸徳とは比べ物にならないほどの強い力でわれわれの「恋ごころ」を引きつけるのである——。

ところで、プラトンが『饗宴』における恋愛の考察から取りだした中心的モチーフは、魂における「永遠なるものへの希求」ということだった。では『パイドロス』で彼が「恋愛の狂気性」という新しいテーマによって示そうとしているものは何だろうか。わたしの考えではそれは、恋愛に内在する一つの本質的アポリアそれ自身である。

そもそも『パイドロス』は、恋愛がしばしばこの世の常軌を逸脱するような激しい情熱をもつことに対するリュシアスの説と、ソクラテスによるその補説からはじまっていた。曰く、人間を支配する大きな二種類の力があって、一つは人間生来の快楽への欲望、もう一つは、善きものをめざす分別の心である。恋愛という場面では、「放縦」と「節制」という二つの力はそのバランスを失う。ふだんは分別によって押さえられている快楽への欲望が、美の快楽にとらわれ激しく肉体の美しさをめざそうとする。これが、恋の欲望がしばしば狂気じみたものとなる原因だ、と。

つまり、『パイドロス』におけるプラトンの力点は、「恋愛は聖なる狂気である」というテーゼを中心に据えることで、リュシアス説が代表するような一般的な恋愛観に反駁することにおかれている。ここに恋愛にとってもう一つの重要な問題があると考えたのだ。おそらく、つぎのような補助線を引いてみると彼のモチーフをよく理解できるように思える。

恋愛の情熱の中に、日常には現われがたい何か「永遠なるもの」、「至高なるもの」への激しい希求があるという観念は、ヨーロッパにおいて、プラトンを数千年へだてた一六、七世紀にいたって、いっせいに開花する。『クレーヴの奥方』からはじまり、『若きヴェルテルの悩み』『アドルフ』『赤と黒』『嵐が丘』へといたるヨーロッパ恋愛小説は、いずれも近代文学を代表する傑作である。そしてこれらはひとしく、恋愛の情熱の本質が「永遠なるもの」「至高のもの」「ほんとうのもの」への欲望にあるという根本イデーにおいて共通しているのである。

つまり、プラトンの恋愛観は、近代文学の王道を支える恋愛観念の源なのである。ところがしかし、近代文学はもう一方で、このような恋愛観念に少し遅れて、これとまったく対抗的な反＝恋愛観念をも生み出している。ラクロ、サド、フローベル、トルストイ、ケッセルなどである。そして、二〇世紀に入ると、恋愛の至高性のみをテーマとした〝純粋な〟恋愛小説はもはやほとんど書かれなくなる。

この事態は、恋愛についての、一方でリュシアス的な考え方と、もう一方でプラトン的な考え方の対立が、いわばギリシャ以来、長い歴史を通して続いてきたことを示している。そしてまたこのことは、おそらく、プラトンが「美のイデア」によって恋愛の至高性の観念を擁護し、もう一方で、「善のイデア」によって思想の普遍性の根拠を擁護したその並行関係の意味を、わたしたちによく教えている。

つまり、恋愛の至高性と反＝恋愛の観念、および、思想の普遍性と相対性の観念は、文明史の中でほぼ同じほど古い対立の歴史をもち、またその対立の本質を共有しているのだ。プラトンが恋愛の至高性の観念を確証しようとするとき、それは同時に、人間の欲望の本質の〝普遍性〟を確認することを意味していたのである。

ともあれ、このような補助線を引いた上でもう少しプラトンのいうところを聞こう。

――こうして、恋人の美の中にイデアとしての美を直観するとき、人の魂は美の流れに満たされ、それは熱を発して翼の生え出る箇所を溶かしはじめる。魂の全体が熱くなり、激しく鼓動する。魂は自分のうちに起こっている大きな変化の意味をはっきりとは知らないが、それが何か特別に喜ばしいものであることを知っている。魂はこうして恋人の美の力に引きつけられながら、素晴らしいことがやってきそうな予感と期待に満たされる。

しかし、魂が相手から引き離されると、美の流れは滞り、うるおいは枯渇して翼の穴を閉じてしまう。翼の芽は外へ出ようとする力を押さえつけられ、高鳴る脈拍のように激しくあがく。そのために魂も、荒れ狂いもだえ苦しむが、それでも記憶に残る美しい人の面影は大きなよろこびを与えている。こうしてよろこびと苦しみが交じり合うため、魂はこれまで味わったことのない不思議な感情を経験し、惑乱し、なすすべを知らず、ただ切ない憧れにかられてひたすら美しい姿を見ようとして、その人のいる場所にやみくもに引き寄せられる。そしてひとたび恋人に会うことを得、愛の情念に身をゆだねることができたときには、魂はあのゆえ知れぬ苦しみから解き放たれ、くらべることのできない甘い快楽と悦びを味わうことになる。

彼はこのとき、この人と一緒にいるためならどんな犠牲をも厭わないと心に誓う。すなわち、家族も忘れ、友も忘れ、あらゆる人を忘れる。それまで自分が誇りにしていたこと、世間のルールや体裁、のみならず財産への配慮さえどうでもいいと思う。「宜《うべ》なるかな、その身に美をそなえた人こそは、この魂の畏敬のまとであるのみならず、最大の苦悶をいやしてくれる人としてこの世に見出すことのできた、たったひとりの医者なのである」――。

恋人の「美しさ」が人の魂を直撃する、ということが起こる。このとき人は、それが自分のうちに何かふだんとは違う狂気じみた力を呼び覚ますのに気づく。

このようなとき、一体何が起こっているのか。

わたしたちはふだん、美しい住まい、美しい調度、さまざまに自分の身をかざる美しい衣服や小物などを愛する。また美しい風景、美しい工作物、美しい芸術作品などを愛する。つまり、およそ人間の生活の欲望とは、さまざまな〝美しいもの〟の中での生活への欲望であり、これが何か「善いもの」への欲望と溶けあって「幸福」の観念を結んでいる。だが、恋人の美が人を引きつける力は、これとはかなり違ったものだ。

わたしたちは美しい調度や小物、美しい風景を、自分の感性の歓びに触れるさわやかなエロスの風として楽しむ。しかし恋人の美はいわば自分の〝魂〟に直接呼びかけ、この上ない「ほんとう」に触れうるという異数の可能性を示唆する。だから人は、そのことが自分の魂にとって「何か特別に喜ばしいものであること」をあやまたず知る。ロラン・バルトがいうように、恋において人は、自分の「狂気の振る舞い」には「すべて意味がある」

ことを知り、「おのが狂気のただひとりの証人となる」(『恋愛のディスクール』)。

また、恋愛におけるこのような直観は、「正義」や「節制」といった他の徳とはちがった、「われわれのもつ最も鮮明な知覚である「視覚」を通して」人間の魂のエロスの心臓を直接につかむ。「美」は、恋愛という稀な場面で、「もろもろの美」としてではなく、「美のイデア」それ自身の力として魂に呼びかけ、その本来の記憶を喚起する。ここに隠れなき「美の本質」がある。プラトンはそういっている。

「美」の特権性は、「正義」や「節制」という徳が、地上の人間にはつねに「影絵」としてしか現われず、したがってよきパイデイアを導き手として必要とするのに対して、「美のイデア」は、恋愛という場面でどんな媒介も必要とせず直接人の魂に呼びかける、という点にある。

こうしてプラトンは、恋人の「美」の意味を、エロス的欲望の対象としての「美」からはっきりと区別し、この「狂気」をエロス的快楽の狂気ではなく天上的な狂気であるとする。

『パイドロス』の副題が「美について」とされる理由がここにある。

さて、恋の狂気性の意味を、魂が「美のイデア」を想起し天界へ天翔けようともがく物語として描いたあと、プラトンは「各人の神」についてこんな具合にいう。

――恋の情熱に捉えられた魂は、それがかつてゼウスの行軍に従っていた者ならどんなことにも慎みと配慮を示す。軍神アレスに従った者たちの中には、相手からひどい仕打ちを受けたと思うとき、われを忘れて「恋人をわが身もろともに、犠牲の血まつりにささげることをあえて辞さない」ような者もいる。このように、各人の恋のありようは、彼がかつてどういう神をあがめて従ったかによって違ってくる。つまり各人は、人を恋するとき、「それぞれ自分の性格にしたがって恋の相手を選択し、そして選んだ相手その人を神とみなし（略）いわば自分の聖像として仕立て上げ、飾るのである」――。

ここでいわれていることは、俗にいえば、「蓼食う虫も好きずき」という言い方に当てはまる。だがもう少しいえば、恋愛における「理想化」と「結晶作用」（スタンダール）についての本質考察である。

ゼウスに従っていた者は、相手に知性を愛する性格や人の長たる性格を求め、ヘラ（ゼウスの妻）に従っていた者は、相手に王の性格を求める。またアポロン（詩や芸術の神）に従っていた者は、アポロン的性格を求め、その他それぞれの神に従っていたものも同様だ、とされる。心理学的な言い方では、これは、各人の恋人に対する情熱はその人間の自己幻想の投影だということになり、これをシニックに見れば、恋の情熱は所詮各人の幻想にすぎないというような見解に近づくかもしれない。しかし、プラトンの考えはその逆である。

各人は、それぞれの〝好み〟で誰かを好きになる。だが、この〝選好〟あるいは〝えり好み〟の意味するところは重要だ。つまり、人は幼いうちからすでに自分に独自の「よい」や「美しい」の感受性を育てていて、その上で、この感受性に強く働きかけるような美をもった人に引きつけられるのだ。だから彼は、このとき、恋人の美（と美質）のうちに、自分自身の「善や美」の理想（＝イデア）を直観している。だからこそ、恋人はある意味で彼自身の「神」となる。

そもそも「理想」とは、人に自分の「よい」や「ほんとう」を生きる可能性を、強いエロスとして与えるものという意味をもっている。そして、恋においてこの理想は、なんらかの目標や理念としてではなく、いわば「生きた魂」として具現化された形で出会われる。だからこそ恋人は、若者にとって、単にエロス的対象の的ではなく憧憬と畏敬の的になる。またそのため、恋人の前では誰もが真摯になり、一途になり、自分の「ほんとう」と恋人の「ほんとう」とを強く結びつけようとせずにいられない。

「各人の神」についての説話には、そのような「恋人の存在」の独自の意味がよく象徴されている。

ところで、わたしは、プラトン哲学において、「美のイデア」に象徴されるこのような恋愛の本質考察が、しばしば純粋すぎる恋愛の「プラトニズム」として批判的に見られることには、一つの大きな理由があると思う。そしてそれは、さきに触れた恋愛と反＝恋愛の対抗関係に由来する。

疑いなくプラトンは、ヨーロッパ哲学における美と「恋」(エロス)についての最大の思想家だった。しかし彼の恋愛思想は、この情熱の「天上的」な意味についてはこれを深く捉えたが、その「地上的」な意味についてはこれと同じ比重では追究しなかった。

小林秀雄は、エッセイ「政治と文学」で、一九世紀の芸術家にとって「美とは、新しい生き方の事であり、人間の新しい意味であり思想であった」と書いているが、さきに見たように、むしろ、近代文学全体にとって「恋愛」は、新しい時代の新しい生の意味として現われた。しかし、近代小説は同時に、恋愛の至高性を否定しこれを虚妄と見なすような小説群を生み出した。ラクロの『危険な関係』、サドの『悪徳の栄え』、フローベルの『ボヴァリー夫人』、トルストイの『クロイツェル・ソナタ』、ケッセルの『昼顔』などである。

この事態が意味するのは、わたしの考えでは、人間の恋愛の経験のうちには、その情熱の「至高性」(超越性)をたえず否認するような要素、つまり一方で激しい「至高」の恋愛が描かれると、必ずもう一方でその反対の観念を形成するような要素があるということである。

この問題については、別のところでも論じたが（拙著『恋愛論』参照）、ここでごく大雑把に整理してみる。

反＝恋愛意見がつねに生み出される本質的な理由は、二つある。

一つは、「美の欺瞞」ということであり、これはたとえばラクロの『危険な関係』が代表する。ここで、主人公のトゥールヴェル法院長夫人はヴァルモン子爵を激しく愛するが、じつは彼は誘惑者にすぎず、しかし彼女はその欺瞞を見破ることができない。つまりこれをプラトンに即していえば、この小説は、「美」が必ずしもイデアの象徴ではなく、人を欺く悪魔のささやきとして存在しうることの証明なのである。

誰でも知っているように、恋愛の情熱を決定的にかき立てるのは、恋人の魂の美質である以上に容貌の美である。そして、恋愛の「幻滅」（ディスイリュージョン）は、主として人が恋人の美しさに直観したものと、恋人のじっさいの魂のありかたとのズレによって生じる。反＝恋愛小説において、美はしばしば、誘惑し、幻惑し、弄び、欺くものとして描かれ、そのことでプラトン的恋愛観念を反証しようとするのだ。

失恋による挫折ということも、ある意味で「美の欺瞞」という事態に属する。美しい恋人に出会って自分の理想を見出したとしても、その思いが通じることは稀である。むしろ、恋人はその理想にふさわしくないと思える誰か他人のものとなってしまう。こういう場合も、美は幻惑し欺瞞するものとして現われる。いずれにせよ、このような美のディスイリュージョンの経験は普遍的であり、だからそれは、いつの時代でも、美化され聖化され理想化された恋愛観念を烈しく否認するのである。

しかし、もう一つ重要な原因がある。

いま見た美の欺瞞という理由はいわば外的なものだが、恋愛の情熱に内在する「至高性」にとっての危機がある。これを、エロティシズムとプラトニズムの二律背反（アンチノミー）と呼ぶことができる。

芥川龍之介は「恋愛は性欲の詩的表現にすぎない」と書いたが、恋愛とは装われた性欲にすぎないという観念は、美は欺くものだという観念以上に普遍的である。近代文学においてこの観念を最も深刻なかたちで表現したのは一八世紀のサドであり、一九世紀のトルストイである。

両者の幻想破壊の意図は徹底したもので、サドは反＝恋愛をとことんまで追いつめて、エロス的欲望にのみ「超越」があると主張する〝逆プラトニズム〟を敢行した。またトルストイは、キリスト教的な立場から一切の恋愛を粉飾された性欲と見なしてその虚妄と欺瞞を攻撃し、自分の過去の芸術作品をすべて否定するところまでいった。

美の欺瞞は、いわば若者が大人になるまでに必ず通らなくてはならないディスイリュージョンの道の一つにすぎないが、エロティシズムとプラトニズムの二律背反（アンチノミー）はもっと本質的で、この処理いかんで、人は自分のロマン性それ自体を扼殺しうるような可能性をもつ。

恋愛と反＝恋愛の対立が、思想の普遍性と相対主義との対立に対比しうるのは、まさしくその根に同じ本質が横たわっているからなのである。

さてしかし、いまわたしが述べたようなエロティシズムとプラトニズムのアポリアは、近代社会を通してはじめて深刻かつ重大なテーマとなったのであって、プラトンがこのアポリア自身を第一義的なテーマとして『パイドロス』で設定しているとはいえない（それはドストエフスキーのような作家まできて、はじめて深い自覚において文学のテーマとなったのだが）。

しかし、つぎのような「二頭の馬と馭者」のミュートスは、明らかにあのリュシアス的反＝恋愛観への直接の反措定としておかれていることがわかる。

――物語のはじめに、われわれは魂を、二頭の馬の引く馬車とそれを操る馭者になぞらえた。そのうち一頭は、節度と慎みをもった素性よき馬で、馭者の命令に忠実に従う。しかしもう一頭は、放縦と高慢の徒でなかなかいうことをきかない。馭者が恋心をそそる美しい人をみとめて、激しくその姿に引かれるとき、よき馬は慎みを守って恋人にとびかかっていくのを自ら抑える。しかしもう一方の馬は、愛欲の歓びに煽られ、その欲望をとげるようにたえず彼らをそそのかす。愛欲に駆られる馬の勢いは非常に強いが、それをようやく押し止めるのは、あの恋人に対する畏敬の念である。そのように二つの力ははげしくせめぎあう――。

ここで、恋愛におけるプラトニズムとエロティシズムの葛藤は、魂のうちの二頭の馬、片やよく馭者に従い、白い毛並みの「節度と慎みをあわせもった名誉の愛好者」、片や「放縦と高慢の徒」で「色はどすぐろく」、鞭を振るわれてようやく馭者にしたがう、二頭の馬のあいだの葛藤、として描かれる。

プラトンに即していえば、この葛藤の理由は明らかだ。恋人の「美」は、一方で「美のイデア」それ自体を象徴する「天上的」性格をもって現われ、したがってそれは魂にとって畏敬と気遣いの的となる。しかし同時にそれは「地上的な」エロス的欲望の対象としても現われる。そしてこの二つの要素、相手を思い、気遣い、その人のためには「どんな犠牲も厭わない」と思う心と、相手を自分のエロス的欲望の対象としてわがものとしたいとする気持ちは激しくせめぎあう。

問題なのは、じつはこの葛藤のうちに、魂が自分自身のロマン性を射抜いて殺すような危険がはらまれているということだ。というのは、一方で魂が真摯に「天上的な」ものへの憧れを強くもつほど、もう一方で恋人への激しいエロス的欲望は自らの自己中心性を証拠だて、そのことで自分の「虚偽」や「欺瞞」や「汚れ」を強く意識することになる。この危険は、恋人との間で互いのエロス的欲望の誤差が広がるほど大きくなる。そこで人は、自分のうちの「天上的なもの」が「どすぐろい色」をした放縦の馬の存在に打ち負かされるのを認めざるをえない。そのことによって魂は、自己嫌悪と苦しみと反感にさいなまれる。そして、この葛藤をうまく乗り越えることができないとき、魂はしばしば、この反感と嫌悪の反動形成として、自らのロマン的要素それ自身を否認するにいたるからである。

このエロティシズムとプラトニズムの葛藤を描くプラトンの文章は、大変印象深い。

……馭者がその姿を目にしたそのとき、彼の記憶は〈美〉の本体へとたちかえり、それが〈節制〉とともにきよらかな台座の上に立っているのを、ふたたびまのあたりに見る。よびおこされたこの光景に、彼は怖れにふるえ、畏敬に打たれて、仰向けに倒れ、倒れざまにやむをえず、握った手綱をはげしくうしろに引くため、その勢いに二頭の馬は、両方とも尻もちをついてしまう。(略)

遠くへひきさがってから、一方の馬は、はじらいと驚きのために、魂を汗でくまなく濡らす。しかしもう一頭のほうは、くつばみを引かれて転倒したために受けた痛さがやんで、やっとどうやら元気を回復すると、怒りを破裂させて罵りはじめ、御者と仲間の馬とに向かって、卑怯にも、臆病にも、持ち場を捨て約束を裏切ったと言っては、数々の罵言をあびせかける。（略）

約束されたその時が来ると、この馬は、忘れたふりをしている彼らにそれを思い出させ、暴れ、いななき、ひっぱりながら、またしても、同じことを言い寄るために愛人のそばに行くことを強要し、そして近くへ来るや、頭をかがめ、尾を振り、くつばみをくわえこんで、恥じる気色もなく前へ引っぱる。しかしながら、馭者は、（略）この暴れ馬の歯の間にくわえこまれたくつばみを、前にもましてはげしく、力まかせに引っぱって、口ぎたなく罵るその舌とあごとを血に染め、その脚と腰とを地にたたきつけて「苦痛の手に引き渡す」。（藤沢令夫訳）

ところでしかし、「至高的」なプラトニズムと「地上的な」エロティシズムの葛藤という事態は、たいていの恋愛においては、ここで描かれているような典型的な形をとらない。さまざまな形で存在する「恋愛の物語」は、はじめ若者の魂のうちに自己の「理想」のイメージを育てあげる。しかし現実には、誰もが、〝ほんとうには〟愛せない、あるいは

〝ほんとうには〟愛されないという、いわば恋における「すきまの悲しみ」を経験する。そのため、たいていの恋愛は、至高性の結晶作用が鮮やかに生じないままエロスの欲望と綱を引きあうことになる。自己の理想へのエロスと相手の肉体へのエロスとがせめぎあい、そのことで自らが引き裂かれること、このような事態こそ魂にとって普遍的なのであって、この分裂を乗り越えられない魂は、自己の欲望を虚偽的と感じ、欲望のロマン性自体を欺瞞的と感じるにいたるのである。

恋愛体験におけるこのロマン性の「挫折」は、プラトンが描く〝一人の人間の内部の純粋なプラトニズムとエロティシズムの葛藤〟よりはるかに典型的かつ普遍的である。そしておそらく、ここに、その「至上性」を強調するプラトン的恋愛観念が、あまりにロマンティックなものと見なされる理由がある。

要するに、具体的な恋愛では、〝葛藤〟は純化されたプラトニズムとエロティシズムの対立という形を取らない。それはただ、プラトニズムがその対象を見出せない絶望のうちでディスイリュージョンを生じ、ロマン性の「挫折」を引き起こす。そしてそれはそのまま、魂におけるシニシズムとニヒリズムの危機につながる。

この危機において人間がとる態度はいくつかあるが、トルストイのように、恋愛のエロス性だけでなくおよそ人間におけるエロス性全般を否認して、正義や道徳的なもののうちに「至高性」を確保しようとするのは、一つの典型的なケースだ。これに比べると、マルキ・ド・サドの場合はいわば独創的であって、彼は、むしろ地上的なエロティシズムにこそ「至高性」があるという〝逆プラトニズム〟を敢行した。

エロティシズムにおける「至高性」をはじめて指摘したことは、サドの大きな功績である。しかし、エロティシズムが、イデア的プラトニズムと同じ構造で独自の「至高性」をもつことを本質的に洞察したのはバタイユであり、またその先行者はニーチェである。ここではこの問題には深く触れないが、それにもかかわらずバタイユの思想はプラトン思想と対立的なものではない。むしろ両者は、人間の欲望が「至高的」「超越的」な本質をもたざるをえないという点で、またこの問題が認識や倫理ではなく、エロスや美の問題であることを見抜いていた点で深い共通性をもち、その意味で、ニーチェとともにヨーロッパエロス思想の稀有な同族なのである。

ともあれ、プラトンはエロティシズムとプラトニズムの確執の場面を、こんな具合に収めている。

> こうして幾度となく同じ目にあったあげく、さしものたちの悪い馬も、わがままに暴れるのをやめたとき、ようやくにしてこの馬は、へりくだった心になって、馭者の思慮

ぶかいはからいに従うようになり、美しい人を見ると、おそろしさのあまり、たえ入らんばかりになる。かくして、いまやついに、恋する者の魂は、愛人の後をしたうとき、慎みと怖れにみたされることになるのである。（同右）

ここでエロティシズムはプラトニズムに従うものとして描かれているが、もちろん恋愛の欲望がそのような幸せな調和に行きつくには、ある条件を必要とする。恋人どうしの激しいプラトニズムが齟齬なく重なりあって、互いのエロス的欲望がその自己中心性を完全に打ち消しあうような一瞬だけ、二つの魂はエロティシズムそれ自身を「至高なもの」として味わいあう稀有な時間を体験する。だが、それはもちろん、恋愛の「至高性」を象徴する例外的なミュートス的場面というほかない。

しかしそれにもかかわらず、プラトンの恋愛の考察は、決してその本質をつかみそこなってはいない。

リュシアスの説や、その後のさまざまな反＝恋愛の観念は、恋愛の本質を「エロス的欲望」であると見なし、プラトニズムを虚妄な幻想であると感じる、恋愛におけるシニシズムを代表する。あらゆるシニシズムとニヒリズムは、ロマン的なものの「挫折」において現われる。そしてその逆はありえない。「至高なもの」への憧れは、生活の経験の中で挫折を繰り返すことでアンチヒーローを生み出し、そこから虚妄なものと見なされるようになる。しかし、人間の欲望がまず「至高なもの」をその対象として見出すような本性をもたないならば、人間精神がたどるこの階梯自体が生じないのである。

近代思想において、人間の欲望の対象としての「至高性」の問題を最も早く自覚していたのはルソーだが、彼はそれを人間の「良心」の本性というややナイーブな形で表現した。カントはこれをたちまち「道徳化」してしまったが、その後、人間精神が「絶対的なもの」をその対象として求める本性をもつことを明確に指摘したのはヘーゲルである。彼は、人類が創成期からいち早く宗教と芸術を作り出してきた理由をそれに帰し、この人間精神の本性を「絶対本質」(das absolute Wesen, これは多く「絶対実在」と訳されて、大きな誤解を呼んでいる)と呼んだ。そしてそのあと、ニーチェとバタイユが現われる。

プラトンはこの問題のはじめの提出者だっただけでない。彼の思想は、エロスの問題の核心を認識の普遍性の問題との見事な並行関係において示し、そのことにおいて、エロス思想の深い本質に届いている。

要するに、人間の欲望が「至高なもの」を対象とする本質をもつことが、その挫折からくる反=至高なるものの観念(シニシズムやニヒリズム)の「根拠」なのである。この場合、「至高性」が権威化され、聖化され、絶対化されることに抗うことには意味があるが、「至高性」それ自体を否認することは、「善い」「美しい」「ほんとう」といった言葉の現実性を否認し、結局あらゆる価値の相対化におちいることになる。そして、この事情は、知の「普遍性」を否認することとまったく同じ構造としてある。

人間の生の欲望は、個々の欲望を通して必ず「至高性」をめがけざるをえないような本質をもつ。同様に「知ること」への要求は、個々の「知ること」への要求を通して必ず「普遍性」をめがけるような本質をもつ。そしてこの「至高性」と「普遍性」が否認されるとき、個々の欲望と個々の「知ること」への要求はその深い根拠を喪失して生き生きとした意味を失う。これがシニシズムとニヒリズムの定義なのである。

さて、わたしたちはここで、プラトンによる「美のイデア」の探究の道をほぼ辿り終えた。『饗宴』と『パイドロス』における恋愛、美、そしてエロスの考察は、わたしたちに、プラトンにおける思想と知の普遍性への探究の意味をよく教えるものだ。

わたしはさきにこのように書いた。

プラトンの「善のイデア」は知の本質にかかわり、「真理」ではなく「普遍性」という言葉に結びついている。「美のイデア」は人間のエロスと欲望の本質にかかわり、「真理」

ではなく「ほんとう」という言葉に結びついている、と。

『パイドロス』における美とエロスの考察は、さらにこれを、つぎのように変奏するように思える。

人間の生の欲望にとってその「目的」となりうる対象は、ただ「善」と「美」の本質をもつものだけである。そしてまさしくこの事実こそ、「普遍性」と「ほんとう」という言葉が人々のうちに生きつづけることの根拠にほかならない。

第五章　政治と哲学の理想

I 「イデア説」のパラドクス――『パルメニデス』『ソピステス』

『パルメニデス』からはじまるいわゆる後期プラトンは、一般の読者にとっては、ちょうど後期ハイデガーがそうであるようにやっかいな代物だ。量もかなり多いし、なによりそれまでの比較的読みやすい印象は消えて議論が非常に難解かつ煩雑になる。いきおい、その真意もつかみにくく、さまざまな異論を呼ぶことになる。逆にいうと、学問研究においては議論の的として格好の材料となりやすい。ところが、わたしの考えでは、哲学の実質的な内実としては、中期がはるかに充実しているのである。

そこで、ここでは、後期プラトン思想における最も重要な二つのテーマを取りだし、その異論を含めて問題点の中心を簡潔、明瞭に示してみたい。

後期プラトンの中心テーマは大きくいって二つである。一つは、世界認識についてのギリシャ哲学の伝統的難問を、ソフィスト的詭弁論やパラドクスの罠を越えていかに「真なる知」へと導くことができるかという問題（『パルメニデス』『テアイテトス』『ソピステス』『ティマイオス』など）。もう一つは、『ポリティコス（政治家）』、大著『ミノス（法律）』、『書簡集』（ディオニュシオス統治下のシュラクサイをめぐる政治体験が素材）などに示される、

『国家』以来のプラトン政治思想の展開である。

いわゆる後期プラトンは『パルメニデス』からはじまる。これがまず問題的な著作だが、ここからはじめよう。まず、老哲学者パルメニデスがソクラテスと対話し、そのイデア説の矛盾を問いつめるという場面からはじまる。パルメニデスの批判は鋭くソクラテスもそれなりに応戦するが、全体としては指摘された矛盾（＝イデア説のアポリア）は十分解決されないまま残される。しかもそのあと話は、老パルメニデスがまだ年若いソクラテスに、哲学的論理の使用法を教示しつつ「存在問題」についての詳細な弁証を行なう、という展開を示す。

藤沢令夫によれば、イデア論の矛盾をプラトン自らが半ば認めているともとれるこの『パルメニデス』は、一部の学者に衝撃を与え、『パルメニデス』以降の後期プラトンは「イデア説」を半ば放棄し、むしろ言語分析の先駆をなすような仕事にむかった、とする説が多く現われた。これについての論争も起こり、そのような説はいまも英米系の学界に根強く存在している、という（『プラトンの哲学』）。

いまこのことを考えてみたいが、とりあえず、パルメニデスによるイデア説批判を見よう。

パルメニデスによるイデア批判は何点かあるが、もっとも中心的でかつよく知られているのは、以下のようなイデアの「無限進行」を指摘するものだ。

イデアをソクラテスの言い分にしたがってこう考える。ある「大きなもの」は、自身の「大いさ」をさまざまな他の「大きなもの」とともにそれにあずかって分有する当のもの（＝大のイデア）を必ずもつ、と。ところでしかし、するとはじめの「大きなもの」とそのイデアたる「大のイデア」はともに「大」という性格を共有するから、この両者がその「大いさ」を分有するもう一つの「大なるイデア」が要請されることになる。で、この事態は無限に続くから、結局、イデアは無数にある、ということになってしまう（このあと、同じパラドクスの変奏として「類似のイデア」の無限進行もいわれる。ちなみに、アリストテレスも同じ形で、これを「第三の人間」というイデア批判のパラドクスとして示している）。

さて、『パルメニデス』においてプラトンは、たしかにこれに明快な反論を行なってはいない。のみならず後期全体の著作においても、このイデア批判にはっきりと決着をつけているとはいいがたいために、先のような多くの議論が出てくる余地がある。

ところで、わたしの考えをいうと、この「無限進行」のパラドクスによる「イデア説の批判」は、そもそも批判としてピントが外れている。その理由は、この批判が例のゼノンのパラドクスと同じく、概念の実体的使用によって見かけのパラドクスを作り出しそのことで矛盾をいい立てるだけの批判にほかならないからだ。このような批判の無効性はすぐ指摘することができる。

もともとプラトンの「大のイデア」という考えはどういうものだったか。さまざまな「大きいもの」を人が「大きい」と判断し、それが妥当性をもちうる根本的な理由は何か。「大きい」という言葉自身に何らかの〝普遍的なもの〟が含まれているからだ。そして、この言葉の普遍性の根拠は、人がさまざまな違った三角形を見て、これは「三角形」として同じものだと判断しうるその根拠の存在と同じ構造としてあるはずだ。これが「大のイデア」という考えを支えているプラトンの直観である。

もちろん、いま考えれば、「大いさ」という概念は、「三角形」のような純粋に数学的な理念の性質とぴったり重なるものではない。「大」といった概念の本質はゼノンで見たように「観点」だが、「三角形」という概念は「観点」というより、人間の「表象能力（あるいはその形式）の共通性」にその本質をもつ。だからプラトンのように、さまざまな言葉や概念における普遍性の根拠を「イデア」という一つの語ですべて括ることには、少し無理がある。

しかしにもかかわらず、右の「無限進行」のようなパラドクスの指摘による批判は、「大」とか「類似」という言葉を〝実体的〟に使うことによって、いくらでもレトリック上の矛盾として指摘できるようなものにすぎない（すでにくわしく見たが、こういう批判はいたるところにある。古代仏教の実在と空性をめぐる膨大な論争やスコラ哲学、そして現代のポストモダンや分析哲学の議論まで）。

つまりイデア説の不備を本質的なかたちで批判するためには、たとえば「三角形」という言葉（概念）と「大きい」という言葉（概念）の本質の違いを明らかにしたうえで、その「クラスの混同」を明瞭に指摘するか、あるいはまた、イギリス経験論がスコラ哲学に対してそうしたように、あらゆる概念の先験性を拒否してそれが徹底的に経験的、慣習的なものに還元できるということを証明する、というような方法をとらなければいけない。このような批判であれば、提示された説に対してまた意味のある次の反論が可能であり、そのことで議論を鍛えて問題を推し進めることができるからである。

しかし、繰り返すと、「無限進行」のようなパラドクスの創出による批判は、命題の概念を「実体的」に使用することでその逆手をとり、見かけの矛盾を作り出すだけの批判である。つまりそれは、ある思想の核心を取り出し、さらにその中心にある矛盾を適切に取りだすことで思考をさらに鍛えるという、真の意味での批判ではない。そのためそれは、たとえ問題の核心がまったく理解されていなくても、批判しようと思えば誰でもがそうできるような「仮象としての批判」、いわば〝死に体〟となった批判にすぎないのである。

さて、このようなイデア批判のあと老パルメニデスは、若きソクラテスに、「存在」問題を真に解くためには「世人が空理空論と呼んでいる」さまざまな難問をしっかり「通り抜けて行く練習を」しなくてはならないといい、以後、「一」「存在」「全体」「変化」「同」等々の、およそ考えられるあらゆる論理的難問を具体的に検証していく、というかたちで進む。

『パルメニデス』において、そこに示されるおびただしい難問は解かれるわけでなく、ただ次々に提示されるだけで終わる。また、この難問は一見精緻難解をきわめている。プラトンは後期に入って深刻なかたちでこの言語論的難問にぶつかり、イデア説を放棄してこの論理的問題に取り組んだ、といった説が現われるのはおそらくそのためだ。

しかし、わたしの考えでは、『パルメニデス』におけるプラトンの意図は明らかだ。「世界とは何か」という問題に深入りすると必ずこういったパラドクシカルな難問にぶつかる。そして誰もがそれに足をとられ、それらの難問を論理の迷宮の中で見事に解くことこそ世界の謎を解くことであるかのように考えてしまう。だがむしろそれが思考の仮象の迷宮にすぎないことに気づくこと、まずここから抜け出ることこそ重要である。そうプラトンはいいたい。そしてこれから見るように、それは、後期著作におけるプラトンの基本思想なのである。

ともあれ『パルメニデス』は、精緻難解な論理的難問が百出する後期プラトンを象徴するような著作で、ここで躓くと、いま見たような論理の迷宮を果てなくうろつき回るはめになる、そういう教訓にみちた書物である。

さて、『パルメニデス』以下、『テアイテトス』『ソピステス』『ティマイオス』『ピレボス』といった後期著作の基本構想は、タレス以来の世界認識の問題についてのあらゆる論理的難問を提出し、それらを「通り抜けて」、あるいは乗り越えて、いかに「真の知」に近づきうるかということだ。いくつかを取り上げてみよう。

『ソピステス』の主題は、それまでのギリシャ哲学の「存在論」の問題の総括だといえる。ここでの主人公はソクラテスではなく、プラトンその人を思わせる「エレアからの客人」。プラトンはまず、パルメニデス、ヘラクレイトス、エンペドクレス、アナクサゴラス等々の哲学者によって論じられていた、「有(存在)」は「一」か「多」か、「静(不変)」か「動(変化)」か、といった諸説を検討する。そして、これら従来の諸説が、ソフィスト的詭弁論の前ではすべてパラドクスに陥って成立不可能となることを、自らがソフィスト的論法を駆使して実証してみせる。

――たとえば、万有は「一」であるという説がある。つまり、ただ一つのものがあると主張する。だが、これは何かを「有るもの（有）」と名づけるわけで、するとじつはその命題がすでに、事物とともに「名前」という二つのものがある、といっていることになる。また、「有（世界）」は一つだと主張する人は同時にこれを球のようなものといっている。しかし球は中心と端をもつ。つまり、それは部分の複合という性格をもつことになり、このことによってもはや「一」とはいえなくなる――。

これは一例だが、こんな具合に、これまでのどんな諸説もソフィスト的論法によってその論理矛盾を指摘され否定されうる、ということを示したあと、では「存在」ということをどう考えればいいか、というテーマへと話は進む。ここから議論の展開はまたひどく煩瑣になるが、プラトンの考えの骨格自体はそう複雑ではない。

これまで「存在」についてのさまざま思弁は、一、多、同、異、静、動、実在、生成等々といった言葉を、やみくもに使ってきた。そのため「存在」ということを正しく把握できず、またそこをソフィストにつかれパラドクスに陥った。ではどうすればいいか。プラトンはこういう。言葉を適切に「もろもろの〈類〉に従って分割すること、そして同じ〈形相〉を異なった〈形相〉と考えたり、異なった〈形相〉を同じ〈形相〉と考えたりしないこと」、ここに哲学的な問答法（ディアレクティケー）のポイントがある、と。

ところで、そのことをなしうる人は、(1) 一つの〈イデア〉が多くのもの(略)をつらぬいて、いたるところに延び拡がっているのを、(2) そして互いに異なっている多くの〈イデア〉が、一つの〈イデア〉によって外側から包みこまれているのを、(3) そしてさらに、一つの〈イデア〉が、全体をなすものの多くをつらぬきながら一つに統一されているのを、(4) そして多くの〈イデア〉が、離ればなれになって完全に区別されているのを、充分に感知しているのだ。(傍点原文、藤沢令夫訳)

プラトンが「イデア」という言葉をどういう用法で使っているかがよくわかる箇所だ。彼の論旨をひとことでいうと、概念の「類」を適切に区別したのちこれを使用せよ、ということである。

たとえば、パルメニデスは「あらぬものを、あるといってはならぬ」といった。これは「ないものがある」といった言い方が論理の一般的な使用を混乱させ、不可能にすることを避けるためだ。しかしパルメニデスのこの言い方は、こんどは、「あるものはこれこれではない」というごく普通の言い方を不可(矛盾)とすることになり、新しいパラドクスを生む。ではどう考えればいいか。この場合パラドクスが生じるのは、つまり、否定の「ない」と非存在の「ない」を適切に区別しないためである、と。この区別をはじめにしっかり行なえばそのようなパラドクスは超えられる。そうプラトンはいうのである。

この引用に即していえば、たとえば「否定」のイデアは、他の概念（多くのもの）にそのイデアの本性（概念の本質）においてさまざまな仕方で（「延び拡がっ」たり、「包みこまれ」たり、「つらぬい」たり、「統一」したりという）かかわることができる。つまり、一つの概念をひとしなみにただ一つの実体的な意味としてとらえるのではなく、その関係の基本構造をはっきり区別しつつとらえよ、ということだ。

こうして『ソピステス』は、まがいの言論術としての「ソフィスト」の技術と真の知識を漁る言葉の技術としての「フィロソファー」の技術の違いを、明確に示そうとする意図をもつ。ただし、右のようなさしあたっての結論が、読者に、プラトンが『饗宴』などで具体的に示している優れた〝本質考察〟の技術を深く教えているかというと、必ずしもそうではない。むしろ、プラトンのこのような議論は、理論的には読者を混乱させ、誤った言語理解に導く可能性もある。

というのは、諸概念をその類にしたがって正しく分類するという発想は、それ自体としてはその後アリストテレスに受け継がれ、彼がもっと精密にこれを行なったのだが、すでに見たように、アリストテレスがはじめて体系化した「論理学」は、プラトンにおける普遍性の思想とは異質な、いわば厳密論理主義的な思想だからである。

ここでわたしの考えをすこし敷衍すれば、「本質考察」の方法の〝基本原理〟をまず思想として自覚したのはヘーゲルである。西洋哲学史においてそれは、ニーチェ、フッサールなどによってさらに深く展開される。さしあたり、ヘーゲルが示した考えを少しデフォルメしていえば、およそつぎのようになる。

ある考え方（命題）に対してまずそのモチーフの核心をとらえる。つぎにこの考え方ではまだ十分普遍的といえない側面を指摘できないかどうかを考え、そこからさらに新しい命題を立てる。この作業を、できるだけさまざまな観点から繰り返し行なう。こうして命題の形をより〝普遍的〟なものへと更新していく。認識を普遍化していくための基本原理は、これで全てである。そしてこれ以外には何もない。この方法をヘーゲルは「弁証法」と呼んだ（残念なことに彼はこれをきわめてスコラ哲学的な論理形式で示したので、ほとんどそのようなものと理解されていない）。

右の考え方が見かけに反して非常に原理的であることは、それが、わたしたちが経験の中でさまざまなことがらを〝よく知っていく〟という事態の基本原則をきわめてよく表現していることからわかる。のちにフッサールは、この方法をさらに理論的に追いつめ、思考が共通了解（＝妥当）をうる上での哲学的な基礎づけを試み、これを「現象学的還元」という方法として理論化した。

それはともあれ、注意すべきはこの「本質考察」の原理が、論理の使用法を厳密に規定するという発想とはまったく違っているという点だ。論理学主義は、正しい判断や正しい認識という概念を前提とし、結局「真理」という概念に結びつく。しかし本質考察という方法はあくまで「普遍性」という言葉を生かすものであって、いわゆる「真理」という概念にはつながらない。

　プラトンにもどると、言葉や概念を厳密に区分してその正しい使用法を確立すれば、ソフィストたちのパラドクスによる難問をさけて「真の知識」に達しうる、という発想は、そもそもプラトンの言語思想とは相容れない。ところが、このことは、後期プラトンにおいて一見それほど明瞭には受け取れない。

　その理由は、後期プラトンにおいて、この論理上の難問が、パラドクスの本質それ自身の解明をともなうかたちで十分に解き明かされていないからなのである。前にも触れたように、これらの難問の意味と根拠が論理の本質それ自体として解明されるには、近代の終わりまで待たなくてはならなかったのであって（しかもこれはまだ十分共通了解になっていない）、この時点でプラトンにそれを求めるのは無理がある。

　ところがプラトンは、少なくともここに哲学の重要な陥穽があることを自覚的につかんでおり、したがって問題自身ははっきりと提出されている。このため、難問は百出し、問題点は指摘されるが、パラドクス自体は十分に解かれたという感じを与えないまま、読者は取り残される。こうして後期プラトンは、しばしば、いかにも難解高尚なプラトン学の格好の研究領域となるのである。

2　プラトン言語思想の核心——『テアイテトス』

後期プラトン思想がさまざまな異論や批判を呼ぶもう一つの要因として、『ティマイオス』や『ピレボス』、『ミノス』などで見られる、世界の秩序を完結したものととらえる神話的な〝宇宙創造説〟がある。

この宇宙論（コスモロジー）には、たいていプラトン自身の、人間の性をもつわれわれは世界の事態を完全にとらえることはできないから、これを「物語」として語ることで満足すべきである、という前置きがあることにまず注意すべきだ。しかしその中身は、なかなかやっかいで、というのは、そこで彼はかなり明瞭に「神」による宇宙創造説を説いているからだ。『ティマイオス』のものを要約すると、こんな具合になる。

——はじめに無秩序なカオスがあった。神はそこに秩序を導きいれた。そのほうが「善い」と考えたからだ。また同じ理由で神は、自らをモデルとして宇宙に理性を吹き込み、これを魂あるものとし、さらにこれを唯一、永遠で、かつそれ自体完結したものとして創り上げた。神は万有を創るのに、火と土、そしてその中間項たる空気という三要素を素材とし、これに美しい比例と統一を与えた。また魂を創る要素として、まず常なる「有」と分割可能な「有」とをおき、先の場合と同じくその中間的な「有」を加え、正しい比例と均衡を与えた。同様にまた「同」と「異」という要素を創り、それぞれに「不可分なもの」、「可分なもの」、その「中間のもの」を配した——。

以下延々と続くが、さしあたり重要なのはこのあたりまでである。

一見、この宇宙論は、プラトン思想の汎神論的性格を示すように見える。あるいはプラトンはキリスト教的な創世論に与《くみ》すると見る向きもある。だがおそらく、そういうことではない。プラトンは、世界説明に「神」を置き入れると「物語」になるという明らかな自覚をもっていた。むしろ、彼がこの創世論でいわんとするのは、おそらくつぎのことだ。

世界の存在全体は、秩序と意味のないまったくのカオスではない。そこには必ずある根本的な原因が存在し、またそれに由来する秩序が貫かれていると考える以外にない。そして自分はこの根本秩序の原理をほかの何ものでもなく「善い」ということだと考える、と。

プラトンの宇宙論はべつに実体論的な仮説ではなく、あくまでプラトン思想のモチーフを表現したミュートスなのである。そして、その中心モチーフは一つだ。認識（「知」）の普遍性ということと人間の「魂」の存在意味の普遍性とを思想としていかに結びあわせることができるか。プラトンにとって創世論は、このモチーフを非常によく表現しうる世界説明のあり方だったのである。

だが、その後の哲学的思考が推し進めた原理性からは、この世界説明に難点の多いことは明らかだ。

世界の自然存在の秩序と人間的な価値の秩序を、ばらばらのものではなく一つの統合的な原理としてつなごうとする思考は、一般的にいえば、スコラ神学的な唯一神による絶対摂理（トマス・アクィナスが代表）の類型か、すこしゆるやかなペルシャ的、インド的な二元論的摂理の形をとるか、それとも、近代の理神論的説明（スピノザが代表）の形式をとるかしかない。しかし、この二つの秩序の強引な統合を断念することではじめてカントの分離説が現われ、ここからまた新しい質の議論がはじまったのである。だからプラトンの宇宙論は、類型としていえばスピノザ的汎神論に近いが、これはあくまで近代哲学以後の文脈によってプラトン説を照らした場合の話なのである。

プラトンの世界認識の大枠はこうだ。

世界の存在は自体的存在（いまでいうと「客観存在」）ではない。どんな存在も、じつは何らかの根源的秩序のもとではじめて何らかのものとして現われる（＝現象する＝生成する）。これがたえざる変化としての「生成」と、その背後にある不変なものとしての「実在」（＝ギリシャ的概念での「存在」）ということの基本関係だ。だから「実在」あるいは「存在」とは物質存在それ自体ではなく、むしろさまざまな事物をある秩序のもとで生成させるその原理自体だといえる。したがって、ものごとの〝普遍性〟の根拠は、世界を貫いているその秩序の原理自体にあると考えるほかない……。

いちばん大事なことは、プラトンが事物存在の秩序、つまり、さまざまな事物がさまざまな仕方で存在していることと、人間の価値の秩序（とくに善い－悪い）の原理との間には必ず深い相関関係があり、そうでなければそもそも〝普遍性〟ということの根拠が存在しない、と考えた点である。そしてまさしくこの考えこそ、プラトン思想の独創と重要性を示すものである。

近代哲学においてこの思考、つまり、「存在」概念自体を事物存在と人間存在との徹底的な相関性として捉えなおそうとする思考は、やはりヘーゲル、ニーチェ、フッサール、ハイデガーなどの系譜において現われた。これによって哲学はようやくこの二つの存在を一元論的に統合しようとする理神論的類型から訣別し、事物の「存在」を実体概念としてではなく価値との相関概念として捉える新しい「存在論」を展開させることになったのである。

しかし、プラトンはその思想的直観をこのような神話的形式で語るほかなかった。そのために彼の創世論的宇宙論は、その形式上、プラトンの思想的直観を越えて、「至高原理としての真実在（神）」といった、アリストテレスからプロティノス、トマス・アクィナス、スピノザ、シェリングにまでいたる「ヨーロッパ形而上学」の思想の系列に組み入れられることになる。

わたしの推測では、後期のプラトンがこういう統一的な世界像を描き上げるにいたった理由は、おそらく、ソフィスト派のさまざまなパラドクシカルな論難がイデア論の論理的体系性を強いるように作用したためである。「原因」という概念をどこまでも追いつめると、万有（自然）と魂を貫く「善」という至高原理が存在する、という像にどうしても近づくことになるのだ。

だが、プラトン思想の奥の深いところは、このような世界体系の像の一方で、しかし同時にこれを相対化するような論述が存在している点だ。たとえば『テアイテトス』がその見事な実例である。

『テアイテトス』の一篇のテーマは「真の知識」とは何かであり、まさしく存在と認識の普遍性の問題をめぐっている。ここでプラトンは、認識(知識)の問題に関するあらゆる説を細大もらさず検討し、それを通して「真の知識」にいたる方法を考えようとする。議論の行程はかなり複雑かつ煩瑣だから、急所だけを取り出してみる。

プラトンは主人公のソクラテスを通して、まず、万物は「生成変化」するというヘラクレイトスの命題をとりあげ、例によってソフィスト的論法でその矛盾を露呈させたあと、「変化してやまぬもの」と「変わらず実在するもの」という対立的な概念の本質(=「変化/同一」あるいは「生成/存在」)を、「感覚/思惟」という観点から捉え直してみせる。こんな具合だ。

――人は「変化」と「同一」という概念を実体的なものとして対立させ、そのことでのパラドクスに巻き込まれる。しかしこの本質をよく考えれば、「変化」とは人間の「感覚」にとって現われる世界のありようをいうのであり、また「一」や「同」とは、世界の存在を、全体として「思惟」の対象としたときに現われるものだということがわかる。

いわゆる実在論者(唯物主義者)は、実在するもの(同なるもの)は「物質」であるという。しかしこれは素朴な考えにすぎない。「実在」(=存在)という言葉の本質を考えつめていないのだ。これをよく吟味すれば、「実在」ということの意味は、変転する感覚の仮象性を超えて不変のものとして存在するもの、である。そして、事物とは、むしろ知覚と事物の相関性において現象するものであって、知覚（あるいは感覚）も事物もそれ自体「不変な存在」ではない。つまり、感覚的な事物の存在本質は「生成」ということなのだ。事物が「何であるか」は人間のさまざまな立場や状況に応じて変わる。つまり、それはつねに「〜にとって」という本質をもつからである。

では真に「実在」と呼べるものはどこに見出されるか。それは事物のように「感覚」に現われ出るものではない。われわれが「不変なもの」と呼ぶのは、むしろ、多くの感覚の積み重ね（経験）から悟性によって幾重にも判断され、思念された、その結果として現われたものなのだ。しかもその際、この判断の根拠は、感覚それ自体にはなく、そうである以上、人間の思念それ自身に内在すると考えるほかない（＝想起説）。

こうして、人間の感覚というものは、さまざまな個々の経験の積み重ねから一つの事物のより真なる実像を成立させている。そして「思いなし」と「真の知識」の違いも基本的にはこれと同じ構造をもつ。「思いなし」とは各人がもつ個々の信念であり、「真の知識」とは普遍的な「知」のことである。

ところで、「人間は万物の尺度である」というゴルギアスの説は、この知の普遍性を否定しようとする説である。ソフィスト的論法をつかえばこの説の矛盾はすぐに指摘できる。万人が自分の「思いなし」を正しいと考えているだけだ、というなら、ゴルギアスの説自体が彼の「思いなし」にすぎないといえることになり、結局彼の説の妥当性自体があやうくなる、という具合に。しかし、このようなソフィスト的反駁は馬鹿げている。それはゴルギアスの真意をしっかり受け取っていないのだ。

ゴルギアス説の重要な力点は、各人は自分にとっての「真」ではなく、むしろ自分にとっての「善い」をつねに判断の根拠としている、そしてここにあらゆる人間にとっての判断一般の普遍的基準がある、ということにある。この説は大変深い考えを含んでいる。しかし、にもかかわらずこれをさらに追いつめれば、結局さまざまな「善い」が対立し、普遍性という概念は何によっても根拠づけられないことになる。

ではいったい「真の知識」、つまり知における普遍性の根拠ということをどう考えればいいだろうか——。

さて、ここまでのプラトンの存在探究の弁証だけでも、大変興味深いものがあるが、しかし、さらにこの後が面白い。プラトンは、ここからもう一度、こんどはむしろ積極的に、「真の知識」の可能性の一切を検証していく。この議論もたいへん優れているが、整理して示すとほぼ以下のようになる。

① 正しい感覚は、個々の印象を適切に「割り当てる」力による。同様に、正しい「知

識」とは、さまざまな「思いなし」を適切に関係づけて「変わらずに存在するもの」を見出すところに現われる。

② これだけではまだ不十分だ。ある「思いなし」が誤っているとしたら、その理由は、それが「ないもの」を「ある」と見なすからではなく、AのものをBのものと「取り違えるから」だといえる。

③ ある「思いなし」がAをBと取り違えていない場合でも、それが直ちに「真の知識」とはいえない。「正しい思いなし」にこれを適切に表現する「正しい言論」が加わってはじめて「真の知識」となる。

④ これに対して、正しく言論できることはかぎられており、ほんとうに「真なるもの」は「不可言」だという考えもあるが、よく検証するとこれも正しいとはいえない。「真の知識」とは、何か「いいがたいもの」それ自体をいい当てるという行為ではなくて、語という要素を通してことがらを「つまびらかにする行程」それ自体の知だからである。

⑤ さらにこの上に、言葉がものごとの本質に達するには、その言葉が他の言葉に対して「共通性」だけではなく、その「差異」をも明瞭に取り出すことが必要である。

ここまできて、プラトンの「真の知識」についての粘り強い探究につき従ってきたテアイテトスは、その探究があらゆる言論を検証した果てについに最後の場面まで来たと信じて、驚嘆の声をあげる。しかし、この「真の知識」への探究は、突然思いがけない仕方でプラトン自身によって閉じられる。

彼は、言葉があることがらどうしの「共通性」と「差異」を取りだすときにこそ「真の知識」に近づく、という最後の命題を、人が誰かの顔をそれとしていかに誤りなく認識するか、という問題に移し入れることによって、一挙に相対化する。つまりここで、もっとも素朴な印象や感覚でさえ、言葉の区分する働きに完全に還元することは不可能であることが示されるのである。

こうして、「真の知」の最後の行程と思われたものが、とつぜんはじめの感覚の行程に差し戻され、結局、これまでいわれたことの何ごとも知の本質に届く保証をもたないことが〝証明〟されることになる。

あっけにとられ、ひとりとまどうテアイテトスに、しかしソクラテスは、真の知にいたる確実な道が結局は見出せなかったといって、決して悲観する必要はない、という。

……この後、テアイテトス、もし君が他のものをお腹にもつようにしようと試みることがあって、もしそれをもつようになるとしたならば、君は今のこの吟味のおかげで、もっとよいものをもって充たされることになるだろうし、またもしお腹が空のままで産まれるものができない場合には、君は君の知らないものを知っていると思ったりしないだけの思慮深さをもつことによって、いっしょにいる人たちを悩ますような重荷となることが一段と少なくなって、人々とはいっそうよく折合っていけることになるだろう。つまり、僕の技術でできるのは、ただそれだけのことなのであって、それ以上はなんにもできないのだ。そして僕も、他のおよそ過去現在にわたる偉大な驚異すべき人物の知っているようなものは何ひとつ知ってはいないのだ。ただ、産を助けるという今のべたような仕事を僕と母とが神から授けられたのだ。（田中美知太郎訳、傍点引用者）

名編『クラテュロス』を思い出させるようなラストシーンだが、あらゆるそれらしい言論を吟味した果てに、ここでもプラトンは、最後にそのすべてを相対化する。だが、まさしくそのことで、『テアイテトス』は、プラトンの独自の言語思想をきわめて明らかにわれわれに教える。

人はしばしば、それを守れば「真の知識」にいきつく言語使用についての厳密な規則があるかのように語る。また言語や論理の成り立ちを厳密に分析しつくせるものであるかのように語る。だが、「真の知識」にいたるための厳密な方法などというものは、ちょうど高度な体育の技術を論理的に説明しつくすことが不可能なように、論理的には説明しがたいものだ。あるいはまた逆に、これに絶望してそもそも「真の知識」といった考え自体が虚妄なのだ、といいたがる。そういう言論に対しては、それらはただ、いかにパラドクスの難問を「通り抜け」られるかということだけを考え、その難問が現われ出る根拠自体に考え及ばないために言葉の本質を見損なっているということ、このことを的確に指摘しさえすれば十分である。「真の知識」のために厳密な方法があるはずだと考えること、また逆に、「真の知識」などどこにもないと考えること、この二つはじつは、言語についての同じ本質的誤解から生じたコインの両面である。そして、言語の普遍性の本質は、つねにこの二つの考えの〝間〟にある。そのことをよく自覚することが何より大事なのだ、と。

後期プラトンの「存在」と「認識」の問題への膨大な努力は、わたしたちをして、ともすれば、そこからプラトン言語論の全体的体系を取り出しうるような錯覚と誘惑をもたらす。だが、彼の言語思想の本来の核は、後期の多くの理論書からではなく、むしろ中期の名編が示している、思想としての「本質考察」の力からしか汲みとれないのである。

3　最善の国家とは――『国家』『ミノス』

プラトンの政治論は、イデア論とはまた違った仕方で、やっかいな現代的論議を呼んでいるようだ。佐々木毅の『プラトンの呪縛』は、プラトン政治哲学をめぐる近年の研究者たちの論争とその問題点について、非常に的確な整理と論述を示している。

佐々木によれば、第一次大戦前後からドイツを中心に、とくにプラトンの政治論を、欧米自由主義に対抗する国家主義的な観点から再評価する一連の議論が現われた。これを先駆けたのはジンガー、ヒルデブラントなどゲオルグ派のプラトン論で、やがてそれは、プラトンの反＝自由主義的で、徳育と訓育を重んじる政治論をナチズムイデオロギーに利用するような論へと変奏されていく。いわば右傾化されたプラトン像だ。

ところがその後、今度はこの動きの反動形成のように、プラトンを反＝民主主義と全体主義政治思想の源流となる思想家として徹底的に批判する、主として自由主義陣営からのプラトン論が現われる。ファイト、クロスマン、ポパー、アレント（少し例外的）などがその代表である。

たとえば、ポパーの批判はこんな具合だ。多くのプラトン像は彼を理想化するが、プラトンの政治的プログラムは道徳的観点から見ても全体主義とほぼ同一である。プラトンは過激な集団主義者であり、そこで個人はつねに国家に従属すべきと見なされる。また、哲学者こそ国家を支配すべきという発想は完全に顚倒しており、むしろ、悪しき支配者が大きな害悪を国家に及ぼすのをいかに防止できるかという問題こそ、政治にとって第一の問題であるべきだ。プラトンの政治構想は全体として国家、支配、秩序が第一義となっており、つねに悪しき国家主義や歴史主義につながる反動的要素がある……。

わたしたちはすでにラッセルにおいてほとんど同種の批判を見たが、ポパーが象徴的な意味をもつのは、それが単に自由主義的な立場というだけでなく、反＝ヘーゲル主義や反＝歴史主義という力点において、現代思想における反＝プラトン主義とも通じる面をもつからだ。

プラトンの政治論は反動的な政治論だろうか。この問題を考えるために、まず、『国家』を中心とする彼の政治哲学の基本構図を整理して示してみよう。

『国家』でプラトンは、「正義」がそれ自体として何であるかというグラウコンの問いを受け、これをいったん「国家」にとって何が「正しい」ことかという問いの形に置き換えて検討する。そのあとで、これをもう一度、個人にとっての「正義」（正しさとは何か）という問題へ置き直そうというのである。

とりあえずプラトンの政治論の全体を見る上で、つぎの三つの柱を考えるといい。

第一は、国家における「役割分担説」というべきもので、彼は、人間の魂のあり方からの類比として、国家をつぎの三つの階層に分けるべきだとする。

① 理性的部分としての統治階層――人間における「知恵」の徳を象徴する。
② 気概的部分としての軍人階層――同じく「勇気」を象徴する。
③ 欲望的部分としての商工者階層――人間の「欲望」や「快楽」を象徴する。

人間の魂がこの三つの部分をもち、三者の適切な調和によって「節度」ある人間のあり方が保たれるように、国家が自らを維持し人々に幸福をもたらすためには、この三つの階級がそれぞれの役割を果たしつつ（「本務への専心」）、全体としてのよき調和を保つことが何より重要である。そしてこれこそ国家における「正義」の意味するところであり、したがって、この調和からの逸脱ということが公共的な「不正」の最たるものになる。

第二は、この考えからの帰結で、①統治階層は、「善のイデア」について深い知恵をもつ哲学者的存在でなくてはならないということ。のちにこれは「哲学者＝王」というテーゼになる。

第三に、統治の最も重要な技術としての「国制」と「教育」。「国制」の基本は、何よりまず国家の維持安全の方途として、可能なかぎり戦争を避け、しかし万一に備えてつねに強い軍隊を保持していること。つぎに右の三分担が崩れることが国家にとっても国民にとっても最大の危機であり、これが崩れないための基本は、すぐれた統治階層とすぐれた軍人階層がつねに生み出されていることである。

そのカギを握るのは何といっても教育だが、教育上の工夫の原則は、こんな具合になる。子供たちの資質をはやく見抜き、この三分担にあわせて選抜し専門的教育をほどこす。統治階層にふさわしい者には、とくに幾何学、天文学、音楽（調和の学だから）などを与える。その際、どのような音楽を与えるかは統治階層が十分配慮しなくてはならない。軍人階層になる者には、彼らが快楽や富などに心を引かれることなく勇気と名誉を重んじるように、厳しい訓育による教育をほどこす。

以上が基本原則だが、その施策の具体案にはおどろかされるようなものもある。兵士となるべき資質のものは、早くから家族の絆から離してその養育を国家による一種の共産制のコミュニティのもとにおき、弱者はここから排除する。このコミュニティの中では女性は全員が共有すべきであり、特定の関係は望ましくない。また優生学的な配慮から壮健な者どうしによる結婚が強制されるべきである。彼らが、快楽や欲望に慣れ親しまないようさまざまな自由も規制すべきである。また、好ましくない詩人や芸術家、およびその作品についての監督や規制が必要だ……等々、現代の民主主義的な常識からは反発を呼びそうなプランに満ちている。

後期の『ポリティコス（政治家）』『ミノス（法律）』などにおいては、この統治者による自由の規制の傾向はさらに色濃くなるが、基本原則としては新しい展開はほとんどない。統治者は、ともすれば安逸と放縦に流れる大衆たちに対して、つねに「説得と強制という二つの方法」（『ポリティコス』）を適切に用いるべきであり、また国家の安寧と人々の幸福を守るために、必要なときには「聖なる虚言」も許される。法律はあくまで支配者の下僕であるべきで、その反対はいけない……。また、『ミノス』ではとくに、国民を徳治によって善き人間に教化していくための工夫がこと細かに展開されている。

さて、このようなプラトンの政治思想が、現在の民主主義的な政治概念から、反＝民主主義的かつ全体主義的な反動的思想と見られる理由はよく理解できるだろう。

ところで、さきの佐々木は、ポパーなどの自由主義陣営による反動思想家プラトンという議論は「自由民主主義対ファシズムといった一般的・常識的構図の上に」成立したものであると指摘している。おそらくそのとおりで、佐々木の著書は、アカデミックなプラトン研究の多くが、現代社会における自明な政治構図を前提として、典型的な観点先取型かつ事後的なプラトン批判になっていることをよく教えてくれる。それは、さきに触れた現代思想のプラトン批判が、いかにヨーロッパ近代主義を批判するかという観点を前提とした〝ためにする批判〟になっているのと、ほぼ相似形をなしているのである。

およそ思想論が、まずその思想から受け取った強い力を起点として、新しい言葉でその力の内実をつかみ出していくようなものか、それとも、あらかじめ一定の信条や観点が前提とされ、その信条や観点を補強するための素材として解釈されているだけのものかを適切に判読することは、決定的に重要なことだ。このような〝信念補強型〟の思考作業は、それがどれほど精緻で大がかりな作業であろうと、普遍的な思考のあり方とは何の関係もないからだ。

ところで、プラトンの「書簡」はシュラクサイの政争をめぐるいきさつが、ディオニュシオス王とのやり取りの形で記されたものだが、そのうちとくによく知られている「第七書簡」で、プラトンは自らの政治体験についてこう書いている。

——私が政治に強く関心をもったのは親スパルタの三十人政権のときで、それまでの政治が悪評だった上、そこに自分の縁者などもいたためだ。ところが新しい政権はすぐに人々の期待をうらぎり、私もこれに近づくのをやめた。だが、そのうちこの政権は民主派に倒されたので私もまた政治というものに多少期待をもたないでもなかった。ところが、彼らの一部が私の畏敬していたソクラテスその人を告発し死刑にするということが起こった。こうして政治にからむ醜い事柄をつぶさにみるうち、私の中にもとあった「公共の実際活動へのあふれる意欲」はすっかり失われてしまった。私のなかで「広く国制全体について」、「どうすれば改善されるか」という考察は中断されなかったものの、実際の行動という点ではこれを控えるほかなかった——。

……そしてそのあげくには、現今の国家という国家を見て、それらがのこらず悪政下におかれているという事実を、否応《いやおう》なく認識せねばならなかった——（略）そして、それとともにわたしは、国政にせよ個人生活にせよ、およそそのすべての正しいあり方というものは、哲学からではなくしては見きわめられるものではないと、正しい意味での哲学を称《たた》えながら、言明せざるをえませんでした。（長坂公一訳）

ここに、政治が「正しい」考え方の競い合いではなく必ず醜いパワー・ポリティクスとなるさまをつぶさに見て、現実政治のあり方に嫌気がさし、その結果、プラトンがひそかに哲学によってその「原理」を探究しようと決意したことが、よく伝わってくる。

そしてわたしの考えでは、プラトンはこの課題を彼なりの仕方で果たしており、彼の政治論からその哲学的原理を明瞭に取り出すことができるのである。

4　原理としての「政治」思想

プラトン政治思想をもっぱら現代の政治思想の観点から批判するような議論が見ないのは、ギリシャの時代と近代以後の社会における「政治」の条件の根本的な違いである。ひとことでいって、近代社会思想の根本課題は、教会と王権に支えられていた封建的身分制度を壊し、成員のすべてがルールのもとに対等であるような社会をはじめて作り出すことにあった。だから、近代的な政治概念の第一の公準は、その社会の成員全体の欲望と自由の解放ということ、言い換えれば、生き方における自己決定と享受（消費の自由）の、解放ということだった。

ホッブズは『リヴァイアサン』で、この新しい時代の社会感覚を、「すべて自分にしてもらいたくないことは、あなた方もそのように人々にせよ」と表現した。少し後にルソーはこれを、「できるだけ他人の不幸を少なくして、自分の幸福をはかれ」（『人間不平等起源論』）と変奏する。中世社会は、ただひたすら生産に従事する（労働する）だけの九五パーセントの大衆と、もっぱら消費を享受するだけの五パーセントの支配者階級の固定的な構造による極端な身分社会だった。だからこそ近代政治の最大の課題は、いかに多くの人々に、自己実現と自己決定の「自由」を解放し分配するかということにあった。

そして、そもそも、この人々の欲望と自由の解放という公準なしには、政体としての「共和政」や「民主政」の優越性の根拠は存在しないのである。

プラトンは僭主政治、独裁政治、民主政治（衆愚政治）のそれぞれの悲惨を目の当たりにして当時のアテナイを生きた。彼の政治思想の内実を、近代的な政治概念から裁定することにはほとんど意味がない。ある思想をただ外面的な形式性としてのみ扱うのは、思想をつねにその時代の課題と思想家のモチーフの相関において受け取るべし、という鉄則を忘れているのである。

当時の政治課題の基本的前提は、奴隷制を土台とし一定の財をもった市民たちの連合を基礎として、ポリスの維持存続を第一義としつつその繁栄をはかるというものだった。ここでは政治の概念は、身分社会から市民社会への推移という歴史的な課題とは無関係である。つねに存続の危機にさらされている閉じられた共同体が、いかに自らを堅固に守りつつ市民の安寧をはかるか、これが政治家に課せられていた基本の課題である。このような条件は世界史的なものであって、政治制度の違いはあれ、孔子が、まず礼（秩序）と仁（諸徳）の概念を体系化することで、中国における初めての重要な思想家として登場したのは偶然のことではない。

繰り返していうと、民主政が他の政体に対して優越性をもちうるのは、そこに、広範な成員の自由を解放しその自由と権利を維持しつづける、という課題が存在するかぎりにおいてである。そして政治がそのような課題において機能するには、歴史的な条件を必要とする。この条件がないところでは、政治は、権力の統合を繰り返して古代型の帝国へと進むか、それが妨げられているところでは、プラトンが分析したように貴族政↓寡頭政↓民主政↓僭主政といった変転を繰り返すほかないのである。

そこでは民主政は、才覚ある個人の政治的引き回しによって寡頭政や王政より悪くなる可能性もつねにもっており、とくにすぐれた政治を行なうという原理や根拠をもたない。だからプラトンが、『ポリティコス（政治家）』で、統治が全員あるいは少数、または一人で行なわれるかは「問題ではなく」、要は統治者が「真なる知識」をもっているか否かだと主張するのはさほど驚くべきことではないのである。

しかし何より注意すべきは、こういう前提から見て、プラトンの思考が、「政治」の課題を「哲学」によって「見極められる」べき「原理」として捉えようとしていた、ということだ。最も高く真実の知をもった人間が統治するという考えそれ自体は、優れた王の統治という考え方が変奏された「貴族政治」の理念であり、それほど独創的なものといえない。ところがプラトンにおいてこれは、ある原理的思考からの一つの帰結として導き出されたものである。

いまそれを整理してみよう。

まず、プラトンが政治の基本課題と考えたのは、つぎの三点である。

①　国家の維持存続

②　政治的権力ゲームの禁止

③　制度の均衡の持続

①の、国家の維持存続をいかに堅固にするかは、いうまでもなく最も前提的な課題である。②寡頭政、民主政、僭主政といった政治における権力ゲームをいかに禁じ手にするか。これはプラトンにとって政治システムの構想として最も重要な課題と考えられた。政治家たちによる権力ゲームは、市民にとって、戦争による滅亡の危機に次ぐ不幸の最大の原因となる。彼がつぶさに見たのは、そこで政治は、はじめに彼がそう信じたような何が「善いか」について優れた考え方を競い合うゲームではなく、ただいかに党派を作り多数派を形成し権力を手にするかに終始するような力のゲームとなる、ということである。

このゲームにおいては、「善い」「正しい」「美しい」という人間に固有の価値の秩序は完全に〝踏みにじられる〟。それは「善」と「美」の「ほんとう」などどこにも存在しないことをはっきりと言明する。そこでは力だけが「真理」なのである。プラトンにとってこれは、とくに民主政の多数派ゲームのなかで顕著に見られるような事態だった。

民主政は、いわば人々の欲望と快楽をより多く約束する党派が勝利するようなゲームである。だから民主政はとくに、一方で欲望の享受を加速しつつ、一方で「ほんとう」など存在しないという考え方を蔓延させるようなゲームとして現われる（僭主政ではいわばゲームは完成し、欲望と快楽は押さえられ、秩序が真理となって、「力こそ真理である」という社会関係の原型性はむしろ隠される）。ここでは、僭主政ではそれなりに配慮される国家の存続、維持という重要な課題も、権力ゲームが作り出す目先の課題によってスポイルされ、しばしば人々を破滅の淵に追いやる（アルキビアデスなど）。

肝心なのは、プラトンにとって、この時代の民主政の概念のうちには、先に見た政治の基本課題をクリアする「原理」が存在しなかった、ということだ。多くの現代のプラトン批判に反して、彼が政治の哲学的考察からこのように考え、したがってその可能性の原理を別の形で構想しようとしたのはまったく正当だったというほかない。

時代の推移の中で政治が乱れ、人心が乱れ、倫理が乱れる。こういうとき、ある種の政治的論者は何の公準ももたないで、ただひたすら現にある政治体制を批判しようとする。すこしましな批判家はいまある政治を慷慨しつつ、かつて存在していた政治的価値や道徳的価値をもちだすことでこれを批判する。だが、本質的な思想家は、それがどれほど困難な道に見えても、現にある政治の矛盾を超えうる本質的な「可能性の原理」を新しく構想しようとする。

　これは近代史を見れば如実にわかることだ。ホッブズ、ロック、ルソー、カント、ヘーゲル、そしてマルクス、これら本質的な思想家は、必ずいまある矛盾を超えうる「可能性の原理」をいかに創出しうるか、という原則に従って思考した。つまり、彼らは、かつてあった古い価値やその変奏された考えによって自分の義憤や慷慨を代弁させる、という種類の批判家ではなくて、つねに原理を捉えようとする本質的な思想家だった。

　プラトンにもどると、彼は、寡頭政、民主政、僭主政といった既成の政体概念のどれも、いまある社会の根本の矛盾を超える原理をもたないと考えた。そして、これを超え出る可能性としては、政治的な権力ゲームを禁じ手にする新しい政治システムを構想する以外にないと考えた。だから新しい政治原理は、いかにして政治体制のあの変転を止めうるか、いかにして政争それ自体を禁止できるか、という課題に答えうるものでなくてはならない。さらにまた、この課題はつぎのような課題、いったん最善者統治が実現したときこの政体の美しい均衡をいかに永続させうるか、という課題を必然的なものとして生み出す。そしてまさしくこの課題が、道徳による「説得と強制」や極端な階層の分担、自由の規制といった考えを導き出したのである。

こうして、プラトンの政治思想の基本構想やそれにつきまとうさまざまなプランは、一見そう思えるように彼の道徳的価値観に由来するのではなく、むしろいま見たような政治の、「可能性の原理」からの必然的な帰結なのである。

「哲学者＝王」というテーゼが占める位置も例外ではない。新しい政治原理をこのように考えて、さて、そこに大きな難問が現われる。彼の時代においてこれが考えられうる政治の最善の原理だとして、だがじっさいにこれを実現する可能性の原理はあるのか。そう問うてプラトンは、唯一「僭主政」からのみその可能性がある、と答える。

ここで詳述できないが、晩年のプラトンは、シュラクサイの有力者で僭主ディオニュシオス王の姻戚でもあるディオンという人物に深い哲学的な感化を与え、このことから、彼を介してディオニュシオス王の政治に彼の政治理想の実現の可能性を託す、という機会をもつ。しかしこの王との関係は結局不調に終わり、「最善の国家」を現実化するプラトンの原理は、結局その具体的な道筋を見出せないままに終わることになる。だが、僭主政からの哲学者＝王へという構想が、当時としてはじっさいその唯一の可能性だったことはプラトンの考えたとおりであって、この考えも彼の原理的思考からの一つの帰結なのである。

さて、わたしたちはこれでプラトン政治思想の中心的な問題を一巡りした。

ここで重要なのは、プラトンの政治の構想が、一見そう思えるような夢想的な〝理想国家像〟ではなく、ただ哲学的な思考法に従っていかに新しい可能性を構想しうるかという原則から導かれているということだ。そして、わたしの考えでは、まさしくこのことによってプラトンの政治思想は、近代の民主政治の理念とは対極をなすもう一つの根本的な政治原理の本質をよく表現しているのである。

近代思想として現われ、とくに近代哲学の中で完成をみた市民社会＝民主主義の政治理念は、その基本原理を、成員全員にルール決定の権限をゆだねるという点におく。それは、職業、所有、宗教、信条等々自己決定の権限を個々人にゆだね、生産と消費の諸関係をルールの設定によるフェアな競争という原則にまかせる。そしてこのルール決定の権限をも成員全員にゆだねる。

民主主義がそこに生じうるさまざまな矛盾を自ら克服しうる原理は、これを追いつめていえばただ一つのことに帰着する。それはつまり、社会が必要とするさまざまな機能に関して、意見、提案、プランの水路を可能なかぎり一般大衆に開くこと、そのことによって、つねに公共的に優れた考えが一部の利害しか代表しない考えを超えて諸ルールにより反映される、そのような思想の自由競争のシステムを確保することである。この場合、成員の一般的な感覚だけが、政治的、社会的提案や意見のよしあしを判定する根拠となることはいうまでもない。

民主政治の概念は、この原理以外には、社会の諸システムが合理的なものへと改善され、その諸矛盾が乗り越えられる根拠をもたない。この原理をまずはじめに思想的に深くつかんだのはルソーである。つまり彼は、一般意志がつねに共同意志（全体意志）を越え出てより強く表現されるシステムの可能性だけが、市民社会がその矛盾を内在的に乗り越える唯一の根拠である、と考えていた。

もちろん、すでに述べたように民主政がそのような政治の可能性をもつには、多くの条件が必要である。大枠だけをいえば、社会全体の生産力が一定のレベル以上であること。政治権力が必要以上に集中化される要因（戦争、市場競争その他）が社会の内外において低くなっていること。社会内の諸共同性が内閉せず、つねに流動し開かれる方向に動いていること（自由市場、市民的な均質化）等々である。

逆にいえばこうなる。自由と欲望の解放を公準とする民主政が右のような条件をもてない場合には、政治の可能性の原理は当然もう一方に振れることになる。もし自由な市民社会が競争原理だけを拡大して、その矛盾を解決できないとき、それは競争の特権的な勝者による固定的支配をまねき、結局、自由の解放とフェアな競争という理念そのものが危うくなる。これが民主政治の固有の難問《アポリア》である。

民主政がその可能性の条件をもてない場合、まさしくプラトンが考えたように、自由と欲望の解放は結局民主政と自由の否定にいきついて寡頭政や専制に転化する。そしてこのとき、これに代わる政治の原理は、理念としてはプラトン的構想以外には存在しないのである（じっさい、近代社会においては、まさしくいま見たような近代史の流れから社会主義という新しい政治原理が登場することになったのだ）。

さてしかし、にもかかわらず、あるいはむしろそれがゆえに、プラトンの政治思想は、民主的な政治理念の矛盾を超えるべく現われるもう一つの政治理念の本質的な難問《アポリア》を、象徴的に示しているのである。

いま、この政治理念の基本形をつぎのように要約することができる。

社会を自由競争のゲームとして開き、その諸ルールの決定の権限を一般成員に委ねること、このことが結局権力ゲームの激化と特権的支配者の固定化を生み出す。これが民主政の挫折という事態だ。とすると、これを超えうる政治の原理は、せんじつめれば一つしかない。自由競争のゲームを制限し、諸ルールの決定の権限を一般成員から引き上げ、有徳かつ有智な為政者にこれを委ねること（ある意味でファシズムもスターリニズムもこの理念を僭称する）、そしていったん定まった秩序に変化が生じないようにすること、である。プラトンの「選良者政治」理念はまさしくこのような政治原理の純化されたモデルといえるが、しかしそれは、同時につぎのような固有の困難を含んでいることがわかる。

第一に、それはメンバーシップを固定し閉鎖するような共同体を要請する。

第二に、人々の生活における変化を拒否し、一定の生活様式の永続を要請する。

第三に、さまざまな生の意見、さまざまな生のスタイル、さまざまな生の目的の自己決定を禁じ手にし、ただ一つの生の目標と意味を人々に与えることになる。

第四に、これがおそらく最大の難関《アポリア》だが、誰が真に有徳かつ有智であるかを決定する根拠が存在しないということ。

民主政治では、何がよい考え、提案であるかを決定するのは一般大衆の生活感覚だが、ここでは成員によるルールの自己決定が禁じ手になっている。そのため誰が最善の統治者であるかを決定する原則が存在しない。この帰結が、結局それを決定するための新たな権力ゲームを生むところに行きつくことは、なにより歴史が明らかにしている。

この問題は、現代の政治思想にとっても最も核心的なテーマの一つで、とうていここで十分に論じることはできない。しかしわたしの考えの原則はこうだ。

ルールと自由の解放を原則とする社会から生じる固有の矛盾は、ルールのフェアネスの基準をたえずより広範な人々のほうに置こうとすること、つまり、つねに一般意志が共同意志に優先するようなシステムを確保する努力によって、これを乗り越えうる可能性がある。しかし、もう一つの「選良者政治」の理念に固有の矛盾は、階級や階層の固定化、さまざまな考えやさまざまな生活のゲームがないこと、したがって「善い」や「ほんとう」が単一化されることなどだが、この政治理念がそれらを乗り越える内在的原理を、わたしはどうしても見出すことができない。

さて、わたしたちは、プラトンの「選良者政治」の理念が最終的に孕むことになる固有の困難を見てきた。しかし現在の時点から彼の政治理念の困難と不備を見出すことでプラトン思想を批判しうると考えるのは、思想の感受性としてあまりに〝軽薄〟である。すでに見たように、プラトンがここでよく示しているのは、一つの政治理念がその矛盾を越える原理をもてないとき、新しい政治理念の可能性を原理として取り出そうとする本質的な哲学的思考である。そしてそれは、彼が世界認識や人間の生の原理を追いつめてきた思考の原則と見事に一致しているのである。

哲学とは何か。それは、物語を禁止し概念の使用によって世界の「原理」を措定するというルールから出発した。これによって哲学は共同体を越えて開かれた言語ゲームとなった。しかし、それは二つの固有の難問を内在させていた。抽象概念の使用による論理の空転とそれに由来する言語相対主義である。それは哲学がはじめにぶつかった試練であり、哲学はこれを越えることなしには真に「普遍的な」思考の方法とはなりえなかった。

プラトンは哲学の歩みのまさしくこのような困難の場面に登場し、その課題を本質的なかたちでつかんで道を切り開いた。こうして哲学は、単に概念によって「原理」を探究するだけのゲームではなくなり、言語を鍛えることによって考え方を普遍化していく独自の思考方法として再生された。この新しい思考方法こそ、プラトンが愛知（フィロソフィー）と命名したものにほかならない。まさしくプラトンはこの方法の創始者だった。

現代思想のシーンでプラトンは、しばしば悪しき西洋形而上学の源泉として批判されてきた。しかしここでいわれる「形而上学」とは、繰り返し見てきたように、何らかの権威によって特定の理念を特権化し、絶対化するような思考のことである。そしてそれを言語相対主義によって越えようとする試みは、必ずシニシズムに帰着する。あらゆる種類の形而上学に本質的に対抗しうるのは、「絶対」主義に対置された相対主義ではなく、「普遍的な思考」ということ以外ではありえない。プラトンがわたしたちに示しているのは、まさしくそのような思考の原理なのである。

西洋哲学は、その思考方法のはじめの深刻な危機をプラトンという哲学者において経験した。彼がそこでぶつかった困難とそれを乗り越えようとした思想の営為は、興味深いことに、その後思想と哲学が直面することになるあらゆる深刻な危機についての見事な雛形を、象徴的なかたちで提示しているのである。

あとがき

わたしが哲学の世界に足を踏み入れたのはふとしたきっかけからだ。学生のころわたしがぶつかった大きな問題は、自分の民族問題と「政治」（つまり自分と社会の間）の問題である。その後、三十前になって出会った現象学の思考法は、この問題についてある核心的な考え方を示しているように思えた。

ところが、その後読んだ現象学についての一般的な議論と意見は、自分が理解した現象学とはおそろしく違ったものだった。その要点はひとことでいえる。既成の現象学理解は、現象学を「真理の基礎づけの学」と見なしていた（そしてこの点で現象学を激しく批判していた）。だがわたしの理解では現象学の核心はその正反対のもの、「確信成立の条件を基礎づける学」だった。わたしは、自分の理解と一般的な現象学理解の大きな落差の理由を確かめないわけにはいかなくなった。これがわたしが哲学の世界に深入りすることになったきっかけである。

フッサール、ニーチェ、ハイデガー、プラトンは、わたしが長く、その通念的な理解像を書き換えたいと思っていた哲学者たちだった。結局わたしは彼らについての入門書を書いたが、哲学の世界に深く足を踏み入れるほど、自分の哲学理解と既成の哲学理解の溝は深くなり、その違和感はヨーロッパ哲学全般に及んできた。はじめわたしは、個々の哲学者たちの通念像のゆがみを個別的なものと考えていた。しかしこの間、それがもっと構造的な理由をもっていることに気づきはじめた。

たとえば、現代の趨勢では、近代哲学は、総じて「主観－客観」という虚妄な問題を作り出した観念論的な営みだとされている。ヒュームは独我論者であり、ヘーゲルは形而上学的汎神論者であり、ニーチェは解体主義者（デコンストラクショニスト）であり、フッサールはこれまた、絶対的真理の擁護者である。そして極めつけに、プラトンは、この近代哲学における形而上学的性格の絶対的源流とされているのである。

ところが、わたしの考えからいうと、これらの主張は、困ったことに、ひどい冗談、とんでもない中傷、白を黒といいくるめるような真っ赤な嘘、一切が〝反転させられた〟奇怪な「あべこべの」哲学像、ということになる。これをどう理解すればいいか。

いまのわたしの考えをいうとこうなる。デカルトもヒュームもカントもルソーもヘーゲルもひっくるめて、つまり近代哲学の総体が、その適切な像を、たぶん〝二度〟ねじ曲げられた。一度は、マルクス主義によって。もう一度はポストモダニズム思想によって。

前者の基本命題は、「近代ヨーロッパ哲学は結局市民社会と国民国家に奉仕するブルジョワジーの哲学だ」というものだ。そして、後者は、「近代ヨーロッパ哲学の基本性格は、主観性と観念論の哲学、つまり独我論的な真理の形而上学の哲学である」と主張する。

そして、この二つの命題は現代の哲学像を深く規定している。

いま、哲学を学ぶ人間は、まずたいてい、こういう哲学の基本像を通して問題を組み立てる。ところがこの哲学の像が、もし近代哲学（あるいはフィロソフィー）の本質をまったくつかみそこなっているとしたら、どうだろうか。近代哲学の基本方法が独我論的な観念論であり、主観‐客観が近代二元論的な空疎な問題設定であり、ヘーゲルはこれを絶対的な汎神論的体系として完成させ、フッサールはそれを論理学的に引き継ぎ、近代哲学のそのような「真理主義」や「普遍主義」の虚妄は現代哲学によってすっかり証明された、などという通念が、およそ誤解にもとづくありもしない虚像だったとしたら、どうだろうか。

もしそうだとすれば、それは要するに、哲学の方法の本質が人々に長く隠されたままになっているということ以外ではない。

哲学の本質はそれが方法的な思考法だという点にある。そしてその最も核心的な理念は「普遍性」という概念によって示される。プラトン哲学は、まさしくこの理念の創始的な表現だった。

このような言明は人をとまどわせるかもしれない。現代思想では、「普遍性」という概念は第一に否定されるべきものと見なされているからだ。「普遍性」とは、異なった信念の間から了解の共通項を見出すための原理をめがけるものだ。それは、現代の思潮が主張するような、「一切の事柄について唯一の正しい考えがある」という絶対的思考と、むしろ本質的に対立する。しかし現代の論者たちは、相対主義的転倒によってまさしくこの両者を混同する。

「普遍的」思考ということの本質を考えるのに難解な形而上学を行う必要はない。普遍的思考の端的なモデルは、自然科学の方法である。

かつて人々は、嵐や稲妻や地震などといったもろもろの自然現象の因果を、さまざまな「物語」によって説明した。それはたいてい、神々や祖先や何らかの霊的なものの意志の結果と考えられていたが、そのディテールは共同体によって違っていた。

自然科学の根本の公準は、いかにして共同体を越えた共通了解を可能にするような説明の体系を作り出すか、という点にあった。そして自然科学はそれを実行した。

しかしこの場合、注意すべきことがひとつある。もしわれわれが自然科学の方法の意味を「客観的現実」に到達する方法と考えれば、自然科学は「絶対的真理」の学ということになる。じっさいしばらくの間人々はそう考えてきた。しかし、われわれはいまではこれを、「客観的現実」に到達するための学ではなく、現象の因果についての共通了解を作り出すための学と考えることができるし、またそう考えたほうが、はるかに自然科学の方法の本質を普遍的に説明できる。

哲学についてもこれと同じだ。現代思潮に影響を受けた多くの論者は、哲学を、「客観的現実」に達しようという野望をもった「絶対的真理」の学であった、と強弁する。しかし、自然科学の場合と同じく、われわれはむしろこれを、普遍的思考への方法的努力と考えたほうがはるかに深くその本質をつかむことができるのである。

近代の自然科学を「絶対的真理」への野望をもった方法であるとして否定するとしたら、それほど馬鹿げたことはない。現代の思潮は、哲学においてほとんどこれに類することを行なっているのである。

プラトンは、長い間絶対的真理の形而上学の創始者と見なされていた。事実は〝さかさま〟で、彼は「客観的真理」という考えではない仕方で思考の普遍性の可能性を見出そうとした、はじめての思想家だった。彼の思考の形は、現在からは不十分に見えるところもある。しかし、プラトンの独創は、なによりも思考の「普遍性」の根拠を、事実の因果の系列ということから引き離して、価値の生成と連関の場面に基礎づけた点にある。「イデア」という概念の核心もまたそこ以外にはない。

現代の思潮は「普遍性」という概念を否認する。その中心の理由は、ヨーロッパ出自の資本主義を否認し、国民国家原理による歴史の悲惨の罪障感をうち消すためである。しかし、「普遍性」の視点を失うことは、ある感情に押されて思考を反動形成へと投げ入れること、思想をより強靭なものへ鍛える手だてを捨て、「羊のロマン主義」にゆだねることだ。それは結局思想の根拠自体を投げ捨てることである。

この簡明なことが、しかし現在、哲学と思想から見えなくなっている。ギリシャ哲学においてソクラテス＝プラトンが果たした役割、近代哲学においてデカルトとイギリス経験論が果たした役割、そして二〇世紀に現象学が果たした役割は、時代の混乱のなかで死にかけた「普遍性」の概念をもう一度蘇生させようとするモチーフにおいて、見事な相似形をなしている。わたしたちは、いまもう一度、哲学という方法の原型に立ち戻らなくてはならないが、まさしくその中心にプラトンの哲学がある。

このプラトン論は雑誌「ちくま」での連載論文を大幅に改訂したものだ。掲載時から本になるまで、一貫して、筑摩書房の井崎正敏氏からさまざまな点で貴重な示唆とアドバイスと助力を得た。この場を借りて深く感謝したい。（一九九九年二月）

文庫版あとがき

ギリシャ哲学から現われた哲学の中心問題は大きく三つある。それを私は、象徴的に、「存在の謎」「認識の謎」そして「言語の謎」と呼んでいる。

「存在の謎」は、世界の根本原理、あるいは究極原因は何であるか、という問いだ。ここにはいかにして、またどういう理由で世界や人間が存在しているのかという、「存在」についての根本的問いがある。この問いは、まず哲学の祖タレスの「水」や、ピュタゴラスの「数」、パルメニデスの「一」、ヘラクレイトスの「万物流転」といったキーワード(「原理」)で答えられたが、その進み行きの中で〝答え〟は一致を見出せず、むしろ大きな対立を露呈してくる。この事態が、そもそも世界の原理を正しく言い当てることができるのか、という「認識の謎」を生み出すことになる。そして、「認識の謎」は、やがて必然的に「言語の謎」へとその形を変えてゆく。

「言語の謎」は、結局のところ、言葉は世界を正しく〝言い当てる〟ことができるのか、という問いである。この謎を象徴するのはエレアのゼノンだ。ゼノンは多くの言語上のパラドクスを作り出した。もともとの動機は師匠パルメニデスの説を擁護するためだったが、彼の思索はそれを超えて、「言葉はなんとでもいえる」という決定的な発見へと人々を促した。そしてそれは論理相対主義者、ソフィストたちを生み出すことになる。

さて、プラトンとアリストテレスは、ソフィストたちが否認した哲学の普遍的認識の可能性を立て直そうとする哲学者として登場した。プラトンは、しばしばその膨大な対話篇によって、哲学の一切の問題を論じ尽くしたギリシャ最大の哲学者とされる。しかしこの点ではアリストテレスも負けていない。彼は哲学を、形而上学、論理学、自然学、倫理学、政治学などに区分して体系化したが、これは現在のヨーロッパの諸「学問」の決定的な土台となった。それまでの哲学の集大成、という点でははるかにアリストテレスが徹底している。ではプラトンとアリストテレスを分けるものは何だろうか。

われわれがギリシャ哲学を読み直そうとするとき、ぜひ注意したい点がある。まず、このギリシャ哲学由来の〝哲学の三つの謎〟は、多くの哲学者たちの努力にもかかわらず、ヨーロッパ近代哲学を経由して現代哲学にいたるまで、解明されることなく続いているということだ。その大きな見取り図をおくとこんな具合になる。

中世のスコラ哲学（キリスト教神学）では、とうぜんだが、世界の根本原理は「神」だとされていた。近代哲学はこれを打ち倒すべく新しい世界像を模索したが、結局のところ、ヘーゲルにいたるその努力は、創造神としての一神教を否定する「世界が神である」という汎神論に行きついた。一九世紀は新しい科学革命の時代である。ヨーロッパの知性はこの哲学的汎神論にそっぽを向いた。一方で、哲学を捨てて科学の方法を基礎とする社会科学や人文科学に向かう流れと、もう一方で、ちょうどギリシャ哲学で生じたように、言語の認識の不可能性を主張する論理相対主義の哲学が現われた。それが分析哲学、ポストモダン思想である。

つまり、正統哲学の営みは総じて否定的に見られ、一方で科学的な方法の席巻、もう一方で認識の不可能性をいう論理相対主義の哲学の台頭ということが、現代哲学（思想）の大きな流れなのである。ただしつぎの点をつけ加えておく必要がある。

近代の人文科学は、自然科学の方法を人文領域に適用しようとする。自然科学は、近代以後自然についてめざましい客観認識の成果をあげた。だからこの方法を適用すれば、人間や社会の領域においても、正しい客観認識に到達できるはずだ、と。しかし、実状はそうならなかった。心理学、歴史学、政治学、人類学、経済学といった人文科学の領域でも、やはり同じ事態が、すなわち諸説の分立と対立がどこまでも続く、という状態がいたるところで続いている。

プラトンはギリシャ哲学のすべての問題を論じ尽くし、アリストテレスはそれらを学の体系として集大成し、現代の諸学問の大きな基礎を作った。しかし「哲学の謎」、つまり存在の謎、認識の謎、言語の謎は解明されないままに残された。そしてこの状況は、現代の哲学と科学においてもそのまま続いているのである。

さて、プラトンにもどろう。プラトン哲学が、アリストテレスからも、またほかのすべての哲学者からも際立っているその特質が何か、と問われるなら、私はつぎのように答える。

第一に、プラトンは、認識と言語の謎について、最も本質的な仕方で考えを追いつめた哲学者だった。彼は、しばしば、絶対的な「真理」の存在を「イデア論」として語る哲学者と見なされてきた。しかしこの考えは大きな誤解である。それは彼が、「真知（真理）のイデア」ではなく「善のイデア」を最高位のイデアとしておいたことに、象徴的に現われている。私はそれをこの本で、「真理」ではなく「普遍性」を求めるプラトン的方法として描いた。

第二に、プラトン哲学の最も重要な成果である「イデア論」が、彼のエロス論（恋愛＝エロース論）および美についての哲学と、切り離し難く結びついていること。すなわち、プラトンは、ヨーロッパ哲学においてきわめて稀な、人間の「エロス」と「欲望」についての哲学者だった。

プラトンの哲学を読むたびに、私はつぎのような確信をますます強くする。プラトンは、ほかの哲学者たちと同様、哲学の存在や認識の難問にぶつかったが、まったく独創的な仕方で、この問いを克服する通路を見出していた。それは、世界の根本原理や究極原因をそれ自体として問い続ける道ではなく、〝人間の欲望の本質が何であるか〟を問う道だった。そしてこの道を進むうちに、彼は「善きもの」と「美しいもの」という二つの対象、人間的欲望の最も重要な対象を見出した。「善きもの」「美しいもの」の本質が何であるか、ここに、哲学の一切の問いの源泉であり、目的であるものが存在する。そして「認識の普遍性」という問題の最も重要なモデルは、世界の根本原理を問う道ではなく、「善」や「美」の本質を問う道の途上にある。これがプラトンの最も深い哲学の直観だった。

プラトン哲学のこのような核心はまだ十分に人々に理解されてはいない、とわたしは思う。

＊

『プラトン入門』は、「ちくま新書」として一九九九年に出版されたものだが、今回「ちくま学芸文庫」から新しく刊行されることになった。しばらく書籍としては途絶えていたので、たいへんうれしい。再刊に際しては、編集の田所健太郎さんにお世話になり、これまで気づかなかった細かな点も改訂することができた。この場を借りて感謝。

竹田青嗣

二〇一五年四月

本書は、一九九九年三月二〇日にちくま新書として刊行された。

プラグマティズムの帰結
リチャード・ローティ
室井尚ほか訳

真理への到達という認識論的欲求と、その呪縛からの脱却を模索したプラグマティズムの系譜。その戦いを経て、哲学に何ができるのか？ 鋭く迫る！

知性の正しい導き方
ジョン・ロック
下川潔訳

自分の頭で考えることはなぜ難しく、どうすればその困難を克服できるのか。近代を代表する思想家が、誰にでも実践可能な道筋を具体的に伝授する。

ニーチェを知る事典
渡邊二郎
西尾幹二編

50人以上の錚々たる執筆者による「読むニーチェ事典」。彼の思想の深淵と多面的世界を様々な角度から描き出す。巻末に読書案内（清水真木）を増補。

概念と歴史がわかる
西洋哲学小事典
生松敬三／木田元／
伊東俊太郎／岩田靖夫編

各分野を代表する大物が解説する、ホンモノかつコンパクトな哲学事典。教養を身につけたい人、議論したい人、レポート執筆時に必携の便利な一冊！

命題コレクション 哲学
坂部恵
加藤尚武編

ソクラテスからデリダまで古今の哲学者52名の思想について、日本の研究者がひとつの言葉（命題）を引用しながら丁寧に解説する。

命題コレクション 社会学
作田啓一
井上俊編

社会学の生命がかよう具体的な内容を、各分野の第一人者が簡潔かつ読んで面白い48の命題の形で提示した、定評ある社会学辞典。（近森高明）

貨幣論
岩井克人

貨幣とは何か？ おびただしい解答があるこの命題に、『資本論』を批判的に解読することにより最終解答を与えようとするスリリングな論考。

二十一世紀の資本主義論
岩井克人

市場経済にとっての真の危機、それは「ハイパー・インフレーション」である。21世紀の資本主義のゆくえ、市民社会のありかたを問う先鋭的論考。

相対主義の極北
入不二基義

絶対的な真理など存在しない――こうした相対主義の論理を極限まで純化し蒸発させたとき、そこに現れる「無」以上の「無」とは？ （野矢茂樹）

増補 ソクラテス 岩田靖夫

ソクラテス哲学の核心には「無知の自覚」と倫理的信念に基づく「反駁的対話」がある。その意味と構造を読み解き、西洋哲学の起源に迫る最良の入門書。

スピノザ『神学政治論』を読む 上野修

聖書の信仰と理性の自由は果たして両立できるか。スピノザはこの難問を、大いなる逆説をもって考え抜いた。『神学政治論』の謎をあざやかに読み解く。

知の構築とその呪縛 大森荘蔵

西欧近代の科学革命を精査することによって、二元論による世界の死物化という近代科学の陥穽を克服する方途を探る。（野家啓一）

物と心 大森荘蔵

対象と表象、物と心との二元論を拒否し、全体としての立ち現われが直にあるとの立ち現われ一元論を提起した、大森哲学の神髄たる名著。（青山拓央）

ヘーゲルの精神現象学 金子武蔵

ヘーゲルの主著『精神現象学』の完訳を果たした著者による平易な入門書。晦渋・難解な本文に分け入り、ヘーゲル哲学の全貌を一望する。（小倉志祥）

歴史・科学・現代 加藤周一

知の巨人が、丸山真男、湯川秀樹、サルトルをはじめとする各界の第一人者とともに、戦後日本の思想と文化を縦横に語り合う。（鷲巣力）

『日本文学史序説』補講 加藤周一

文学とは何か、〈日本的〉とはどういうことか、不朽の名著について、著者自らが縦横に語った講義録。大江健三郎氏らによる「もう一つの補講」を増補。

沈黙の宗教——儒教 加地伸行

日本人の死生観の深層には生命の連続を重視する儒教がある。墓や位牌、祖先祭祀などの機能と構造や歴史を読み解き、儒教の現代性を解き明かす。

中国人の論理学 加地伸行

毛沢東の著作や中国文化の中から論理学上の中国的特性を抽出し、中国人が二千数百年にわたって追求してきた哲学的主題を照らし出すユニークな論考。

論理的思考のレッスン　内井惣七

どうすれば正しく推論し、議論に勝てるのか。なぜ、どこで推理を誤るのか？　推理のプロから15のレッスンを通して学ぶ、思考の整理法と論理学の基礎。

日本の哲学をよむ　田中久文

近代を根本から問う日本独自の哲学が一九三〇年代に生まれた。西田幾多郎・田辺元・和辻哲郎・九鬼周造・三木清による「無」の思想の意義を平明に説く。

時間論　中島義道

「過ぎ去ったもの」と捉えられて初めて、〈現在〉は成立している。無意識的な現在中心主義に疑義を唱える新しい時間論。オリジナル書下ろし！

先哲の学問　内藤湖南

途轍もなく凄い日本の学者たち！　江戸期に画期的な研究を成した富永仲基、新井白石、山崎闇斎ら10人の独創性と先見性に迫る。（水田紀久・佐藤正英）

思考の用語辞典　中山元

今日を生きる思考を鍛えるための用語集。時代の変遷とともに永い眠りから覚め、新しい意味をになって冒険の旅に出る哲学概念一〇〇の物語。

翔太と猫のインサイトの夏休み　永井均

「私」が存在することの奇跡性など哲学の諸問題を、自分の頭で考え抜くよう誘う。予備知識不要の「子ども」のための哲学入門。（中島義道）

倫理とは何か　永井均

「道徳的に善く生きる」ことを無条件には勧めず、道徳的な善悪そのものを哲学の問いとして考究する、不道徳な倫理学の教科書。（大澤真幸）

哲学的思考　西研

フッサール現象学を徹底的に読みなおし、その核心である〈実存的世界〉と〈客観的世界〉とのつながりを解明。考えあうことの希望を提起。（渡邊二郎）

現象学と解釈学　新田義弘

知の絶対化を伴う現象学と知の相対化を伴う解釈学が出合ったとき何が起きたか。現象学と解釈学の邂逅と離別の知的刺激に満ちた深層分析の書。（谷徹）

ウィトゲンシュタイン『論理哲学論考』を読む　野矢茂樹

二〇世紀哲学を決定づけた『論考』を、きっちりと理解しその生き生きとした声を聞く。真に読みたい人のための傑作読本。増補決定版。

科学哲学への招待　野家啓一

科学とは何か？　その営みにより人間は本当に世界を理解できるのか？　科学哲学の第一人者が、知の歴史のダイナミズムへと誘う入門書の決定版！

ソフィストとは誰か？　納富信留

ソフィストは本当に詭弁家にすぎないか？　哲学成立とともに忘却された彼らの本質を精緻な文献読解により喝破し、哲学の意味を問い直す。（鷲田清一）

入門 近代日本思想史　濵田恂子

文明開化以来、日本は西洋と対峙しつつ独自の哲学思想をいかに育んできたのか。明治から二十世紀末まで、百三十年にわたる日本人の思索の歩みを辿る。

忠誠と反逆　丸山眞男

開国と国家建設の激動期における、自我と帰属集団への忠誠との相剋を描く表題作ほか、幕末・維新期をめぐる諸論考を集成。（川崎修）

気流の鳴る音　真木悠介

カスタネダの著書に描かれた異世界の論理に、人間ほんらいの生き方を探る。現代社会に抑圧された自我を、深部から解き放つ比較社会学的構想。

日本数寄　松岡正剛

「趣向」こそがニッポンだ。意匠に文様、連歌に能楽、織部に若冲……。時代を往還する取り合わせのキワと核心。（芳賀徹）

日本流　松岡正剛

日本文化に通底しているもの、失われつつあるものとは。唄、画、衣装、庭等を紹介しながら、多様で一途な「日本」を抽出する。（田中優子）

五輪書　宮本武蔵　佐藤正英校注／訳

苛烈な勝負を経て自得した兵法の奥義。広く人生の修養・鍛錬の書として読まれる。『兵法三十五か条の書』『独行道』を付した新訳・新校訂版。

悦ばしき知識
ニーチェ全集8

F・ニーチェ
信太正三訳

ニーチェの思想の光と影が、南仏の華やかな情趣と融けあう詩唱・アフォリズム。重大な精神的転換期にあった哲学者の魂の危機の記念碑。（信太正三）

ツァラトゥストラ 上
ニーチェ全集9

F・ニーチェ
吉沢伝三郎訳

雷鳴のように突如としてニーチェを襲った永遠回帰思想の霊感。万人のための運命の書というべき奇跡的作品。第一部から第二部まで。

ツァラトゥストラ 下
ニーチェ全集10

F・ニーチェ
吉沢伝三郎訳

ニーチェの哲学の根本思想が苦悩と歓喜のもとに展開される詩的香気に溢れた最高傑作。第三部から第四部まで。（吉沢伝三郎）

善悪の彼岸　道徳の系譜
ニーチェ全集11

F・ニーチェ
信太正三訳

道徳と宗教の既成観念を撃つニーチェの思想の円熟期を代表する重要作『善悪の彼岸』とその終楽章ともいうべき『道徳の系譜』。（信太正三）

権力への意志 上
ニーチェ全集12

F・ニーチェ
原佑訳

理論的主著として計画され、未完のまま残された遺稿群の集成。ニーチェの世界観形成の秘密に解明の光を投げかける精神の工房。（原佑）

権力への意志 下
ニーチェ全集13

F・ニーチェ
原佑訳

権力とは活動的生命の根源的な力である。ニヒリズムを超える肯定的な価値定立の原理を「権力への意志」に求めたニーチェ晩年の思索の宝庫。（原佑）

偶像の黄昏　反キリスト者
ニーチェ全集14

F・ニーチェ
原佑訳

キリスト教は、強者に対する弱者のルサンチマンにより捏造された！　精神錯乱の直前、すべての価値の価値転換を試みた激烈の思索。（原佑）

この人を見よ　自伝集
ニーチェ全集15

F・ニーチェ
川原栄峰訳

精神錯乱の前年に書かれた比類なき自己総括の書『この人を見よ』に、若き日の「自伝集」を併載し、ニーチェの思索の跡を辿る。（川原栄峰）

ニーチェ書簡集Ⅰ
ニーチェ全集 別巻1

F・ニーチェ
塚越敏訳

若き日の友人への心情吐露、ヴァーグナーへの傾倒と離反、ザロメへの愛の告白……。一八六一〜八三年にわたるニーチェの肉声をここに集成する。

ちくま学芸文庫

プラトン入門《にゅうもん》

二〇一五年六月十日　第一刷発行

著　者　竹田青嗣（たけだ・せいじ）
発行者　熊沢敏之
発行所　株式会社　筑摩書房
東京都台東区蔵前二―五―三　〒一一一―八七五五
振替〇〇一六〇―八―四一二三
装幀者　安野光雅
印刷所　株式会社精興社
製本所　株式会社積信堂

乱丁・落丁本の場合は、左記宛にご送付下さい。
送料小社負担でお取り替えいたします。
ご注文・お問い合わせも左記へお願いします。
筑摩書房サービスセンター
埼玉県さいたま市北区櫛引町二―六〇四　〒三三一―八五〇七
電話番号　〇四八―六五一―〇〇五三

ISBN978-4-480-09674-6 C0110